胡全木著

文學叢刊之七十七

寰宇遊踪

王叔珊署

文史哲出版社印行

寰宇遊踪 / 胡全木著. -- 初版. -- 臺北市：文史哲, 民 87
面 ； 公分. -- (文學叢刊 ; 77)
ISBN 957-549-159-9 (平裝)

1.臺灣 － 描述與遊記 2.中國 － 描述與遊記 3.亞洲 － 北美洲 － 中南美洲 － 歐洲 － 澳洲 － 描述與遊記

719

文學叢刊 ⑦⑦

寰 宇 遊 踪

著 者：胡 全 木
出 版 者：文 史 哲 出 版 社
登記證字號：行政院新聞局版臺業字五三三七號
發 行 人：彭 正 雄
發 行 所：文 史 哲 出 版 社
印 刷 者：文 史 哲 出 版 社
臺北市羅斯福路一段七十二巷四號
郵政劃撥帳號：一六一八〇一七五
電話 886-2-23511028・傳眞 886-2-23965656

實價新臺幣三〇〇元

中 華 民 國 八 十 七 年 七 月 初 版

ISBN 957-549-159-9

自序

著者於服務郵政四十餘年期間，常因公赴國外公幹，如參加國際會議，到各大城市舉辦或參加國際性郵票展覽，及考察先進國家郵政等，足跡遍及亞洲、美洲、歐洲、澳洲等，乘便觀光各洲名勝古蹟。公餘又愛與友好及同事旅遊台灣寶島各地風光。於民國七十六年屆齡退休時，適逢政府實施開放赴大陸探親政策，曾數度回故里與親人團聚與掃墓，並至各處旅遊，欣賞神州錦繡河山。筆者於閒暇時，每喜塗鴉，寫點遊記小文以自娛，於報刊發表，累積有不少篇。際此行年將及八十，及與內子謝罔市（字夢芷）結褵五十年金婚，特彙輯成書，以資紀念。本書封面「寰宇遊蹤」四字，蒙郵政前輩，九秩嵩壽，我老長官王前總局長叔朋先生賜題，增益光彩，無任感銘與謹謝。

著者夫婦攝於台灣霧社清境農場

著者夫婦攝於長江三峽船上

著者夫婦攝於北京故宮祈年殿前

著者夫婦攝於黃山

著者夫婦攝於華盛頓國會大廈前

著者內子攝於紐約自由女神像前

著者夫婦攝於羅西莫山
美國四位總統雕像前

著者夫婦與謝焜煌、江清泉
兩兄伉儷攝於比薩斜塔前

著者夫婦攝於羅馬許願池前

著者夫婦攝於巴黎塞納河上

著者攝於佛教聖地南海普陀

著者攝於柏林圍牆布蘭登堡前

著者在船上眺望澳洲雪梨歌劇院

寰宇遊蹤目次

太平山翠峰湖之旅

臺灣人造水庫甚多，如石門水庫、曾文水庫、德基水庫、翡翠水庫等等，不勝枚舉，水利堪稱發達，風景亦佳，但天然湖泊則並不多，在高山者尤少。本省中部日月潭，聞名國內外，惟其海拔不足八百公尺，而太平山翠峰湖位於高山之顛，海拔高達一千九百三十公尺，較日月潭高出二倍餘，為臺灣最大高山湖泊，知而往遊者尚不甚多。

筆者對宜蘭太平山風光的幽美，久所嚮往，苦無機會，日前郵政儲金匯業局儲金處舉辦太平山翠峰湖之旅，為期二天，寵邀筆者同行，饗我宿願，快幸奚如。該次旅遊，除儲金處員眷外，參與同遊者，尚有老友郵政總局技術處張處長寶貴、沈科長天顧伉儷及儲局劃撥處黃科長安石等諸兄，因此旅途中並不寂寞。

六月十三日，為星期六，晨七時，隨同儲金處四十多位員眷共乘遊覽車一輛，沿北濱公路朝宜蘭太平山前進。是日也，天氣晴朗，時當溽暑，相當炎熱，幸車內有冷氣設備，倒也舒適。沿途濱海景緻，諒多熟知，恕不贅述。十時許到棲蘭苗圃時，曾停留數十分鐘，我們對該苗圃並無特別印象，亦無足述者。正午十二時抵達仁澤溫泉遊樂區，即在該地用午膳。仁澤為入太平山之起點，有溫泉、吊橋、烤肉區、遊泳池等，內子於十數年前旅遊太平山，因上山攬車停開，無車上山，即曾在該處過夜。午後一時在仁澤換乘林務局特備中型卡車，進入山區，該項卡車的外形，同仁戲稱有點像運豬隻卡車，乘坐當然不太舒服。入山需辦入山證，係爲維護山區安全之必要措施，其手續分甲乙兩種，乙種僅於入山檢查站憑身分證即可辦理，甲種則要事先到宜蘭縣警察局或三星警察分局申請，在太平山派出所接受檢查。由古魯入山或至翠峰湖遊覽，須辦甲種入山證。

由仁澤進入山區後，全爲碎石道路，崎嶇迂迴曲折，顛簸難行。太平山山勢雄偉磅礴，沿途峰巒疊翠，森林茂密，秀麗淸勝，美如畫圖。間有古木參天，猿猴飛鼠，跳躍出沒其間。路之一側，有時爲萬丈深澗，使人膽戰心驚，不敢俯視。路窄處恆有特別標誌，以提高駕駛人注意，俾策安全。仁澤溫泉至太平山莊，相距約二十公里，車行要一個半小時。

太平山莊備有套房二十四間，團體房八間。前者每晚宿費爲新臺幣九百九十元，後者每人收費二百元。如在週末假期，前往旅遊，須數月前預訂，否則臨時將無安身之處。此次我們都訂團體房間，男女分別各合住一館，男住檜蔭館，女住松嵐館，由太平山莊至上述兩館，須拾級百餘步。我們於三時半抵達太平山莊時，忽大雨如注，提行李至所住之館，雖撐雨傘，衣履仍被打濕。山上氣溫較低，縱在夏天，有隨帶外套或毛衣需要，以免受寒。幸豪雨不久即停，雨後群山，更見淸秀。入晚一輪明月，高掛天際，萬籟俱寂，別有一番景色，實爲久居市廛者所不易領略得到的。

晚飯後六時半至九時，我們在太平山莊翠柏館舉行了一個多采多姿的晚會，節目有歌唱、團體舞、土風舞、踩氣球、說笑話等，由儲金處郭科長劍萍主持，彭愛眞小姐從旁協助。首先由高彩琴、鄭美、彭愛眞、李麗紅等四位美麗的小姐表演「十八姑娘一朵花」，且歌且舞，博得熱烈掌聲。凌渝英、王綠錦、徐碧香、鄭美、李麗紅等都展示了她們美妙的歌喉。領隊黃副處長水成伉儷還表演了「一見鍾情、自作多情、不解風情、翻臉無情」的笑劇，十分精彩。至郭科長夫婦則合唱「月下對口」，宛如歌壇情侶，具見伉儷情深。團體舞有「所羅門王的光輝」、「販子舞」及「邵族迎賓舞」等，由大家同跳同樂。萬坤棟兄則男扮女裝，頭戴假髮，胸部雙峰高聳，身穿異服，搔首弄姿，妞妮作態，令人發噱。筆者與姪女李小姐也獻醜跳了一隻深所喜愛的「問彩虹」探戈。晚會中並備有糖果、瓜子、花生等，眞要感謝主事者設想的週到，使大家玩得十分盡興。晚會結束後曾玩「十點半」遊戲，將積餘之錢作爲宵夜之貲，飲啤酒，品嚐山中燒酒雞，至十一時始回房就寢。

爲觀賞翠峰湖美麗晨景及日出，我們於翌晨二時半即起床，三時乘坐原卡車於黑暗中直上翠峰湖。太平山莊至翠峰湖，路更狹窄崎嶇不平，顛簸更甚。十九公里的里程，費了九十分鐘始行到達湖濱，時約四點半左右，天仍未明，群山猶浸在夜色中，西方天上有淡月疏星，向我們睞眼，遠處太平洋爲雲海所掩蓋，大霸尖山、雪山、南湖大山等群峰圍繞四周。不久在東方天邊，雲海一角，轉現紅色，瞬間該處白雲似鑲了金邊，旋即霞光四射。四時五十分，如火輪般旭日，慢慢從雲隙中露出臉來，冉冉上升，大家一陣歡乎，有攝影機者，紛紛攫取難得的鏡頭。此處觀日出，與阿里山不同，因後者之太陽係從遠處山隙中躍出。觀賞日出後，我們沿湖而行。時翠峰湖湖面，晨霧迷濛，煙波飄渺，猶似羞澀的少女，純潔無瑕。景色之清新脫俗，宛如仙境。觀此難得一見的美景，已將清晨二時半起床及沿途顚簸的辛苦，消得一乾二淨，都認爲十分値得。後來回到太平山莊碰到其他團體的遊客，他們對主辦者未能安排上翠峰湖觀賞晨景與日出，抱怨不已。八時在太平山莊用完早餐後即踏上歸途。回臺北途中値得一提的有二：一是在距太平山莊十公里處觀看白嶺神木，樹屬紅檜，高達二十六公尺，已有二千五百年樹齡。其二是到羅東梅花湖遊湖，有兩人共乘一船，用手划或腳踏者，亦有十餘人同坐汽艇者，汽艇繞湖急駛兩圈，艇過處水花四濺，十分刺激過癮。

太平山二日之旅，大家快快樂樂地出門，平平安安地回家，玩得十分愉快，深感滿意。此應歸功於主事者之事先策劃週詳，黃領隊之負責盡職，郭科長之主持晚會及車內餘興節目輕鬆愉快，給大家歡樂。而林麗芬小姐爲我們辦理入山手續，安排車輛及食宿等，與有關方面多方聯繫，相當辛勞，筆者特於本文結尾，代表同遊諸君，向他（她）們申致衷心感謝之忱。

原載郵人天地第208期

三遊阿里山

有人說：「不到阿里山，不知臺灣之偉大。不到阿里山，不知臺灣之美麗。」去過阿里山的人，大約多會體察到是言非虛。

阿里山對我有太多的回憶，因爲我先後共去了三次。第一次上阿里山，是民國三十五年秋天，迄今已將三十個年頭，三十年來人事景物實有很大的改變，令人不勝感慨。那年，由浙江郵區應徵派來臺灣接收郵政的同仁，共計十一位：姚天造、汪承運、毛奎吉、陳維星、阮齊國、姚林章、劉紹忠、潘月波、余學錦、林福珍及筆者等，除領隊姚老先生已年逾半百外，其餘均爲二十餘歲的年輕小伙子，孤家寡人，滿腦子裡充賽著幻想與希望，不知天高地厚。如今，姚領隊早已作古，潘、余兩位大陸變色前調回浙江，久無音訊。劉紹忠兄則於數年前退休攜寶眷遠走加拿大，另行開創新天地。我們行列中唯一女性，後來成爲維星兄夫人的林福珍女士亦於多年前因病休致。目前仍堅守郵政崗位，碩果僅存的只汪、毛、陳、阮、姚及筆者共六人而已。

記得我們於三十五年五月到臺灣不久，嚮往於臺灣寶島美麗風光，就大夥兒結伴請假，作環島之遊，加入我們旅遊陣營的，尚有由南京郵區調來的李偕孳、尹梅仙及蔣文彬等。那年我們在臺北乘火車出發，我於臺北車站上火車時，在進車門處被擁擠的乘客一擠，放在後褲袋裡的旅遊費三千五百元老臺幣，就不翼而飛，無異給我一悶頭棍。被扒的數額，在當時說來，是相當大的，因當時一般公教人員的待遇，每月僅不過二千元而已。此是我生平第一次遭遇扒手，給我的教訓至為深刻，此後即能隨時注意，尙未發生覆轍。

說起阿里山，在臺灣眞是大大的有名，可說「誰人不知，無人不曉」。海拔二千二百多公尺，雖然較臺灣第一高峰「玉山」──三、九九七公尺，低三分之一，但亦相當的高了。盛產木材，多原始天然林，其中尤以檜、柏、杉、松為最多，杉有亞杉、鐵杉、香杉、柳杉、雪杉。松有工葉松、華山松。檜多紅檜，幾棵神木均為紅檜，樹齡數千年。日人於竊據臺灣後，為開發阿里山的森林，於民國元年建築窄軌鐵路一條，自嘉義至阿里山，全長七一公里，中途經竹崎、交力坪、奮起湖、十字路等站。工程極為浩鉅與艱險，路線盤旋山中達三匝，穿越山洞凡六十六座，山洞有長達車行須數分鐘者，橋樑五十八座。火車於將抵阿里山時，作「之」字行駛上山，火車頭倏而在前面拉，倏而在後面推，工程之偉大，嘆為觀止。車行山中，景色千變萬化，忽在山之左，忽在山之右。忽而雲霧彌漫，有「雲深不知處，高處不勝寒」感覺。忽而蒼松翠柏，修竹椰林，宛如天上人間。忽臨懸崖，峭壁千尋，使人心戰膽驚。遠山近林，鳥語花香，美景如畫，旖旎萬分。

我第二次遊阿里山，係於四十一年春天，距今亦已二十四年。筆者當時任臺灣郵政管理局內地業務股郵運組組長，奉派參加交通部在北投舉辦的交通幹部講習會第四期，作為期一個月的訓練，訓練結業，由訓練單位安排分組旅遊參觀活動，筆者參加阿里山關子嶺一組，按規定尚可攜眷參加，因而得能與內子同遊。回憶結隊同上阿里山的賢伉儷，尚有今總局沈處長、葉處長、及電方蔣書梁先生等，故旅途頗不寂寞。記得在山上宿林場招待所，大家擠在一大房間裡席地而臥，頭碰頭腳接腳的，亦別有一番滋味。

本年二月二十日至二十二日，臺管局王武銘先生主辦阿里山旅遊活動，取費每人僅千元，尚包括來往車費及二宿三餐，相當低廉。鑒於阿里山爲本省著名觀光區，二十餘年來，在當局大力提倡發展觀光事業政策下，當有很多的變化與改進，因此與內子作三度阿里山之遊。參加同遊員眷共數十人，乘一輛遊覽車，於二十日下午六時由臺北出發，當晚十二時許始抵嘉義，寓教師會館。一宿無話，翌晨在北門站乘火車上山。

目前嘉義與阿里山間火車，每日上下山各六班，設備最好的是光復號，坐椅是藍色絲絨製的，椅背可以活動，中間走道舖紅色尼龍地毯，一切裝潢與縱貫線鐵路上莒光號相同，相當舒適，不過車廂較小，每排僅有坐椅三張，亦供給茶水。其次是中興號，坐椅是塑膠皮面，一般火車是普通號。票價自北門站至阿里山，光復號最貴，要一九九元，中興號一六三元，普通六三元。第一班上山火車是中興號，晨七點五十開車，十一點二分到達阿里山。光復號則於八點十分開，十一點四十二分到。行車時間均爲三時三十二分，每班火車掛車廂四節至五節。記得三十年前上阿里山火車，非但車廂破舊，坐位是木板長條凳，旅客對面對坐，身高腳長的人，會膝蓋碰膝蓋，當然不用說能有茶水供應。行車速度緩慢，像老牛破車，好像上山要八小時，下山六小時。到四十一年我第二度遊阿里山時，上山速度已改進到六小時，如今更縮短到僅三個半小時，實在進步很多。以前火車進山洞，漆黑一片，伸手不見五指，又因當時煤炭引擎的車頭，在山洞裡，煤煙幾使你窒息，怪難受的，如今改用柴油燃料，即無此弊。

臺北到嘉義的遊覽車上服務小姐告訴我們，阿里山有五大奇景，不可錯過，即：雲海、日出、晚霞、森林與神木。我們此行，幸天公作美，碰到風和日麗的好天氣，故能一一欣賞到五大奇景。因爲如遇雨天，雲海、日出、晚霞均將無福看到，據說有的人，去了幾次阿里山，始終沒有碰到日出、雲海與晚霞奇景的，所以我們深爲此行而欣幸高興。

阿里山森林之美，在上山沿途即可欣賞到。此行正遇到春暖花開的季節，鐵路兩旁，有桃花、梨花、櫻花，有的紅，有的白，紛向我們爭妍鬥艷，頻送秋波。阿里山神木，以將抵阿里山站鐵路旁的一棵，最爲出名，樹種是紅檜，樹齡三千年，高五十二公尺，胸高直徑四六六公分，材積五〇〇立方公尺。樹幹須十八個人手拉手才能合圍，可見其腰圍之粗。車行至此，停留約五分鐘，讓旅客下車欣賞拍照，如嫌時間不夠，到阿里山後，還可步行前往，約二十分鐘即可抵達，此神木外形，與三十年前一模一樣，並無多大改變，可說別來無恙。另有一棵神木，未爲人所注意，筆者已往兩次上阿里山，均未發現，此次於參觀高山植物園附近時，無意之中看到。此神木稱爲光武檜，亦屬紅檜之一種，樹齡二千三百年，高四十五公尺，胸高直徑三九二公分。在光武檜之旁，尙有一石築樹靈塔，據稱由於日人開發阿里山，大量砍伐樹木，感於有生之物，皆具靈機，故於民國二十四年（一九三五年）九月建此樹靈塔，以安奉樹靈。

我們抵達阿里山當天傍晚，由於天氣晴朗，有幸看到阿里山五大奇景之一的晚霞，當金烏西墜，夕陽銜山之時，西方天際，紅霞一片，太陽餘暉將浮雲鑲成金邊，有時從雲隙中透出萬丈霞光。遠山近林，浸在夜幕中，與遠方晚霞，映成一幅絕美的圖畫。

看日出須登祝山，祝山海拔二、四五〇公尺。由阿里山車站前往，步行須四十分鐘，記得三十年前，去看日出，須清晨四時起床，山路崎嶇狹隘難行，兩旁野草割面，時天未亮，大家結隊前進，一個人尚不敢前往。爲首者手持手電筒，在前照路。至山頂有一亭，有出售豆漿、茶葉蛋等小販。而今已開闢公路，林務局玉山林區備有中型遊覽車十數輛，專接送旅客上祝山觀日出，約十餘分鐘即可抵達。每晨上山有四班，第一班五點開車，依次爲五點二十分，五點五十分，六點十分。車票於前一日下午四時至六時在阿里山車站後面停車場預售，每張票價，去祝山來回新臺幣三十七元五角，車票上編有車號，每人大致都有坐位。車票須及早先購，以免向隅。祝山上已蓋有一座美侖美奐的觀日樓，樓分二層，上二樓觀日出，須購入場券，每券三十元，供應熱咖啡一杯，蛋糕一塊。朝日出一邊，是大玻璃窗，故遊客可以一邊坐著喝咖啡，一邊欣賞日出。但玻琍窗遇冷結有水氣，拍照仍不理想，因此多數遊客，於用過早點後，仍到陽臺上或下樓到前面廣場上去攝取日出鏡頭。那日我們乘五點五十分一班上山，六時抵達觀日樓，看到難得一見的雲海，已往兩次登斯山，均未遇到，故感到無限欣幸。此時宛如諸身海邊，遠望白浪滔滔，又像群山中湧起千堆雪，潔白無比，其美絕倫。惜雲海美景不常，至六點半，已漸散去，變成淡霧了。日出奇景至六點五十分準時出現。起初，遠方山邊天際微亮，逐漸轉紅，大家摒息拭目以待，有照相機者紛紛爭取鏡頭。未幾透出霞光，轉瞬旭日在對方山頂，稍露一臉，大家不禁齊聲歡呼，旋踵間，整個太陽躍出山頭，使人不能逼視，才盡興紛乘原車返回阿里山，結清旅館帳目，正好趕上七點五十分開的中興號或八點十分開的光復號火車下山。

阿里山上，三十年來，當然有很多變化。首先說旅館，已往多是日式榻榻米的小旅社，棉被厚而短，身長者會露出雙腳。店主還會借供每位旅客一件厚厚的和服，在室內穿著，遇天冷生起一盆炭火取暖，電燈暗如螢火。而今已多新式旅社，最豪華的首推阿里山賓館，爲具一水準的觀光飯店，須事先預訂，臨時不易租到房間。車站及郵局均已改建爲新式建築物。山上名勝如三代木、姊妹潭及神木等，則與三十年前無異。此次旅遊，還參觀了高山博物館及慈雲寺，在已往二次上山，好像都漏掉了。博物館內有高山動物如麂、臺灣猴、野豬、野羊、臺灣黑熊、白腰雨燕，以及各種鳥、蛇、蝴蝶、樹葉等標本，開發初期所用集材機、切鋸等。館內另有一吳鳳廳，陳列吳鳳先賢之遺物及高山同胞往昔所使用之衣著器皿等等。慈雲寺距高山博物館不遠，建於民國八年（一九一九年），據稱當時日人因感阿里山靈氣鍾秀，儼然如印度「靈鷲山」聖地，故建阿里山寺，並由暹邏國（即今泰國）國王親雕釋迦佛像一尊供奉。至民國三十四年（一九四五年）臺灣光復後，始改名爲慈雲寺。寺內有一號稱千年古佛，放在玻璃框內，此爲釋迦牟尼佛相，外以銅鑄，內裝金沙，原係泰皇之物，後爲日皇所得，其欲供奉在最高的山上，鑒於玉山高於富士山，故特於玉山管區的阿里山供奉。此佛相已有千餘年的歷史，堪稱爲國寶之一。

最後，筆者以一個富於教育性的感人故事作爲本文的結尾，即我們從阿里山返抵嘉義，乘原租遊覽車北回臺北途中，經過沙鹿秋茂園時，曾停留半句鐘遊覽。是園瀕臨海濱，海風甚大。園內有八仙過海、唐僧取經、象、牛等五彩塑像，雖稍嫌俗氣，但園主人苦學孝親的事蹟，至足感人。據稱園主黃秋茂先生，自幼失恃，母子相依爲命，家境貧苦。母病欲食水果，苦無錢購買，秋茂先生迫不得已，至果園偷摘水果奉母，不意被捕，縛在果樹下，被園主鞭打，引爲終身恥辱，並於心中立誓願二個，第一個誓願，他年如上天保佑，得能發跡，決買一果園，任令貧苦孩童入內採取果實，分文不取。第二個誓願是要陪伴其母遍遊全世界。結果，由於秋茂先生之發憤苦學，後來在日本得到哲學博士學位，皇天不負苦心人，終獲飛黃騰達，在臺南故鄉買了一座大果園，孩童可以隨意採摘，實踐了幼時第一個願望。但第二個願望，因其慈母未能等到其發跡即已病逝，無法達成，引爲終身遺憾。在秋茂園中有一圓形如地球建築物，球上塑一男子，背負老婦，即表示其背母遊歷世界之意。秋茂先生之立志苦學及孝親精神，實足爲年青人之楷模。

原載郵人天地第74期

風光幽美的草嶺

臺灣眞是一個寶島，勝景處處，新的風景觀光區，一再被發現。例如草嶺，在以往未曾聽聞，近來則時常在同事們的口中傳述，是值得一去旅遊的地方。

草嶺在本省中南部，位於雲林縣古坑鄉，瀕嘉義、南投、雲林三縣之交叉點，海拔一千餘公尺，群山環抱，風光幽美，有所謂十大美景：同心瀑布、連珠池、蝙蝠洞、蓬萊瀑布、峭壁雄風、清溪小天地、水簾洞、蜂巢岩與青蛙石、幽情谷、斷崖春秋與斷魂谷，確實相當吸引人。

筆者此次利用週末假期，偕內子參加局方舉辦的草嶺旅遊活動，一宿四餐，連旅館費每人僅繳費用新臺幣一千一百五十元（承郵政總局體育小組及工會補助一五〇元），堪稱廉宜。

四月十日是星期六，上午七時半，總局及儲匯局同仁及眷屬乘兩輛遊覽車，由臺北出發，經高速公路向草嶺進發。到達竹山時，已近中午，在車上吃遊覽公司所供給的日本風味便當充饑。在竹山附近的德山寺，曾停留一句鐘，寺附近有一幼稚園，同行仲方兄夫婦說，在十餘年前，他任竹山郵局局長時，其一子一女，均曾就讀該幼稚園，現其子女將於今夏參加大學及高中聯招，一晃十餘寒暑，不勝感嘆。

車過竹山後，即進入山路，路勢逐漸陡狹，車在群山中盤旋，作「之」字形前進。有時來個九十度的彎道，看不到前面的路肩。路面未鋪柏油或水泥，高低不平，顛簸不堪，人在車中，猶如坐搖籃一般。兩旁高山，種滿翠竹，綠色一片，風景幽麗無比，使人稍忘車行之苦。過瑞竹後至同心休息站，曾停車二十分鐘。附近有同心瀑布、一線天、連珠池、迴音谷等勝景，因限於時間，未能一一前往觀賞爲憾。

經同心休息站以後，路更曲折險要，山勢益高，車子搖晃愈加厲害。有時路之一旁爲萬丈深淵，使人不敢俯視。如遇對面來車，路窄車大，交叉通過，相當驚險，稍有不愼，即有翻落深崖之虞。幸遊覽車司機駕車技術高超，又小心謹愼，每能化險爲夷，安然通過。下午三時許，抵達目的地草嶺，寓幽情谷大飯店。該飯店開張未久，設備全新，走道及房內皆舖紅色地毯，十分舒適。雙人床套房，房租六百五十元，不算貴。飯店稱爲「幽情谷」，有點羅曼蒂克味道。其他旅館尙有蓬萊山莊、草嶺山莊。草嶺爲一小村落，在群山包圍之中，東南方之高山，據說是阿里山，西北角則爲溪頭，下臨溪谷，遠山近水，層巒疊翠，風光極爲秀麗。其尤令人懷念者，厥爲空氣淸新，環境幽靜，爲久居喧囂都市者所難享受到的。我們於旅館安頓妥當後，即步行到蓬萊瀑布遊玩，往返行程約一百分鐘，至則爲一乾瀑布，因中南部少雨，根本看不到瀑布，削壁岩石上只有瀑布流過的痕跡而已。有一小型纜車可乘至瀑布流下之頂點，同仁們有興趣乘坐者不多，因此大家參觀所謂蓬萊瀑布，是乘興而往，敗興而回。晚六時半，在旅館中享用由遊覽公司所準備的晚餐，每桌十人，五菜一湯，有烤鴨、土雞、筍乾燒肉等，味尚不惡。九時許，筆者夫婦偕仲方兄伉儷至一小吃店飲酒宵夜。點了幾盤山味，山味中有山羌肉、野豬肉、山羊肉、土雞及河蝦等，每盤約一至二百元。土雞鮮嫩可口，而山羌肉老而瘦，則不敢恭維。另有一盤山中特產龍鬚菜者，碧綠嬌嫩，味道不錯。

翌晨六時起床，至屋頂陽台上瞭望山景，時一彎新月，猶在天之一邊，遠山籠罩在朝霧之中，四周寧靜，萬籟無聲，晨風拂面，令人清醒。此種情調，只有在深山中才可以領略得到。六時二十分許，遠方阿里山山頭，霞光一片，未幾一輪旭日從山凹中躍出，金光四射，萬丈光芒，有的從雲隙中穿越而出，蔚為奇觀，對造物主之奇妙，令人無限感佩。

六時半早餐後，集體前往參觀：㈠峭壁雄風㈡清溪小天地㈢水簾洞㈣青蛙石㈤奇妙洞㈥幽情谷㈦斷崖春秋與斷魂谷等處勝景。我們首先到達峭壁雄風，據說草嶺原有一深水潭，於民國四十年突然崩潰後，水落石出，發現一天然大峭壁，壁面光滑，傾斜度約四十餘度，至為陡斜，峭壁長約二百公尺，寬約八十公尺。人在其上，無法攀登行走。下臨溪谷，必須攀住一條粗繩索而下，用雙手緊握，逆步往下移動，相當驚險，膽小者即不敢攀沿，有人為避免手掌為粗繩摩破，臨時購買手套戴上。百餘人緊握同一條繩索而下，繩子雖粗，萬一不勝負荷，中途斷裂，人將滾落谷底，非死即傷，後果就不堪設想了。至河底後，沿河床在亂石上步行，河谷有一泓細流，清澈見底，大家在此濯足洗手。步行約里許，又爬山至水簾洞、青蛙石等處，無值得可述者。惟過青蛙石後，有一奇妙洞，為兩大巨岩間之隙洞，其闊僅容一人橫著身子勉強通過，如為大胖子，可能無法進入。靠著岩壁慢慢向前移，岩壁由於遊人摩擦日久，十分光滑。洞長約三十公尺，洞內陰暗，路又高低不平，難走萬分，約十餘分鐘，始到達出口。人在洞中，如萬一發生地震，將兩大巨石震攏，洞中人就將成夾心餅肉醬了。我們通過奇妙洞後即返回旅館，已無餘力再往斷崖春秋及斷魂谷遊玩，據說去該兩處，往返行程約需二三小時，因此鼓勇前往者不多，但集郵處揭小姐及其夫婿則爲其中之一，令人欽佩。下午一時，離草嶺驅車北返，抵達臺北已萬家燈火，結束爲時兩天草嶺之遊。

原載郵人天地第147期

東埔溫泉之遊

臺灣位於火山帶上，所以溫泉處處，增加對臺灣寶島旅遊觀光之吸引力與招徠。光復初期，最為著名的溫泉，有北投及草山兩處，後者已改名為陽明山。至於前者，向稱為溫柔鄉，銷金窟。「春寒賜浴華清池，溫泉水滑洗凝脂，侍兒扶起嬌無力，始是新承恩澤時。」這幾句唐詩，引發外遊客多少遐思。其他地區較為有名的溫泉，中部有關子嶺，南部有四重溪，東部有安通、資本，宜蘭有礁溪等溫泉，遠近聞名，膾炙人口。溫泉論水質，以四重溪、安通、礁溪等地為佳，晶瑩清澈，尚可飲用。陽明山溫泉硫磺味甚重，關子嶺溫泉為鹹質，水濁如泥漿，但洗在身上滑膩無比。

「東埔溫泉」，則未之聞也，位於何處，更茫然無知。迨郵政職工體育委員會臺北地區體育小組舉辦「東埔溫泉」旅遊活動，始初聞其名，可說為一新興之觀光區。該溫泉在南投縣信義鄉境內，屬於一座深山溫泉，位於中央山脈望鄉山山麓，玉山北峰後稜，海拔一千二百公尺，是山胞布農族部落居所。四周群山圍抱，原始森林密佈。內蘊有數座瀑布：彩虹瀑布、雲龍瀑布、乙女瀑巾（又稱七絲瀑布）、沙里仙瀑布；及數座名山：玉山、秀姑巒山、尖山、馬博拉斯山等。由東埔橫越八通關古道，可至臺東玉里。

時當陽春三月，春暖花開，氣候溫和，正是旅遊好時光。此次旅遊，由體育小組租用光華公司遊覽車兩輛充交通工具，每人收交通費固定位新臺幣二百二十元，活動位一百五十元。行程計二天一宿，夜宿東埔溫泉，宿費住大衆房每人僅收四十元，套房則為四百五十元。並由體育小組統籌代辦晚餐及次日早餐，餐費每人七十元（晚餐五十元，早餐二十元），堪稱廉宜。進入山區，尙須事先辦理入山登記，均由小組代勞，無庸自己費心。

筆者鑒於機會難得，偕內子雙雙報名加入旅遊行列。三月十二日上午七時，兩輛光華公司的遊覽車，從臺北郵局出發南下。是日為星期六，特休假半天。到了車上，發現同遊同事熟悉的有不少，大多攜眷同行。集郵中心侯副主任帶同其外子及愛女參加，總局及儲匯局女科長參加的有萬科長、劉科長、朱科長、謝科長等，還有一位小兒科王醫師。

是日也，可套一句「風和日麗」，是一個相當好的旅遊天氣，大家都深自欣幸。車在平坦的高速公路上風馳電掣，兩旁景色旖旎，美景如畫，令人心曠神怡，有說不出的高興。我們一車的車掌導遊小姐，年輕漂亮，內子說有點像電影明星林青霞，唱的歌亦不錯。中午十二時在草屯休息一小時，我們在一家大旅社的餐廳裡用午膳，點的五十元客飯，尙清爽可口。車抵南投縣信義鄉，須經入山檢查，幸主辦單位事先抄送名冊登記，有案可稽，雖我與內子臨行匆匆，忘帶身分證，仍順利通過，惟此不足為訓，嗣後外出旅遊，無論進入山區與否，都宜隨帶身分證。車進入山區後，有一半路程，在河床上行走，河床上雖無水，但臨時開闢的道路，碎石高低不平，顚簸不堪，有時灰塵撲面，不得不緊閉車窗，甚不衛生。至下午三時許，抵達目的地——東埔溫泉。

東埔溫泉在群山之中，僅約十數戶住家，旅社倒有五、六家，最好觀光旅館是勝華大旅社，設備堪稱一流。其次爲觀瀑樓，我們即住在該樓內。其他小旅社有岳友山莊、龍泉山莊、雲海閣、彩虹山莊、東埔山莊等。溫泉區有一東埔國民學校及警察派出所，其他爲出賣土產之小店三數間而已。

旅社內均設有溫泉浴池，溫泉水質極佳，碧綠清澈見底，絕不遜於四重溪及礁溪溫泉。據旅社壁上所懸信義鄉警察分局的告示裡說：「本溫泉水性成分爲：氯化鈣○·○○六，硫酸鋁○·○○七一，氯化鈉○·○○七六，重炭酸鈣○·一一五八，硫酸鈉○·七八四，重炭酸鎂○·○五四，重炭酸鈉○·二二八九。溫度在攝氏四十九度。」東埔溫泉除可沐浴外，尚可治百病，效用大矣，警局告示特別說明溫泉的使用法：㈠內服用，對於各種病症均屬有益，且可飲用無害處。㈡外科用，對於各種外傷，筋骨創傷、風濕、急慢性濕疹、神經衰弱、小兒痲痺、婦科、慢性攝腺炎、淋巴腺炎等症，均有特殊效用云云。

信義鄉警局眞是好心腸，對來此溫泉療病者，還提出下列忠告：㈠到達溫泉地區後，每天入浴一次，首次入浴時間應以五分鐘至十分鐘爲宜，對僂痲貧斯諸症，至少須連續浴治二星期，作爲一治療期，隔一個月後再作同樣溫泉沐浴治療。以此種療法，效果當可期待，若求急效，盲目過份入浴，可能會得到相反效果。㈡當在浴中治療時，務須平心靜氣，並有耐性療養，才能收事半功倍之效。㈢正常無病之人，浴後身心無比清爽，能恢復疲勞，增加體力，促進食慾。警局告示中又說本區溫泉可用作食前食後飲用，隨時取飲，冷卻後飲，或泡茶沖乳等，皆可咸宜。聞名世界之捷克卡爾斯巴德溫泉，主要作用爲飲用。德國之巴登溫泉作爲飲用，亦遠較浴用爲更多。

由上可見，東埔溫泉已與世界著名溫泉並駕其驅。我們到達觀瀑樓，行裝甫卸，即去著名的彩虹瀑布觀瀑。此瀑布面對西方，在太陽下山前，經日光照射，有五彩彩虹出現，惟須爭取時間，最好要在下午四時半以前到達，始能觀賞彩虹奇景。是瀑距旅社有五十五分鐘山路，羊腸小道，崎嶇難行，坡度亦陡，以穿登山鞋或力士鞋較佳，女士們如穿高跟或麵包底鞋，則將受罪，且具危險。約半句鐘，至情人谷，即聞瀑布聲。是谷以樹枝築有小屋及橋，可作休息。橋之一旁有一小潭，水清冽無比。內子爬山至此，體力已感不支，因海拔高，空氣稀薄，氣喘難受，不肯再上。我乃獨自上山探路，結果僅約五分鐘即到達彩虹瀑布，乃復下山至情人谷，勸說內子鼓勇繼續前進，終達目的地。瀑布氣勢不大，與青潭銀河洞瀑布相若，自不能跟美國尼亞格拉大瀑布相比擬。

在陽光下觀賞彩虹奇景，有名過其實之感。因時間不早，恐天黑山路難行，稍作休息後，即循原路下山返回旅社，至半途，邂逅退休的兩位郵政前輩，何建祥及焦席祺先生，他們係參加臺北市民衆活動中心舉辦的旅遊團。何、焦兩公，雖年近八旬，但身體健朗，爬山不輸年輕人，爲免影響他們於太陽下山前能到達及欣賞彩虹瀑布，未便久談，匆匆而別。將回至溫泉區，夕陽啣山，霞光萬丈，旋即隱沒在遠山之後，由絢爛趨於平淡。斯時暮靄四起，飛鳥歸林，山谷一片沉寂，別有一番山景，殊非久居鬧市者所能領略得到的。

晚七時，由旅社準備晚餐，十人一桌，四菜二湯，兩車同事及眷屬同時進餐，熱鬧非凡，使人回憶到學校膳堂內的情景。高山上的包心菜及筍片，大家認爲味道特別好。餐廳內有一彩色電視機，很多同事想收看連續劇「玉面丹青」，但臺視電台的景像模糊跳動，無法收看。因次晨須早起，去欣賞「父子斷崖」、「雲龍瀑布」等名勝，於洗一個痛快的溫泉澡後，提前入睡。

翌日五時半即起，六點早飯後，大家往父子斷崖進發，中經一吊橋，在橋上大家提心吊膽，因今年春節前後，在美濃曾發生吊橋中斷，傷亡十餘人之慘劇，囑內子過橋時要手扶鐵索而行，萬一橋斷，亦可緊抓鐵索不放。去父子斷崖，步行約半句鐘，到雲龍瀑布則須兩小時。沿途山道上樹木勁秀，蒼翠迷人，晨嵐朝霧，空氣清新，跋行其間，有益身心。惟山路較去彩虹瀑布，更爲峻險難行。路之一旁，爲斷崖峭壁，下臨萬丈深谷，又無樹木當道。將至父子斷崖處，路更陡，有數處，須面貼絕壁，雙手扶壁而行，稍一失足，即將粉身碎骨，因之多裏足不前，不得不中途折回，實在太危險了。途中又遇到何、焦兩公，他們亦未到達父子斷崖，說路太險，勸我們莫上去，因此下山循原路而返。

筆者對「父子斷崖」之因何取名，頗感興趣，或以爲已往發生父子落崖而聞名，經詢據逆旅主人告知，該處由於山路峻險，即情深如父子，也只有自顧自身安全，無法互顧之意，並無父子落崖之事。我們回到將至吊橋處，轉到山地村落去觀光，沿途田野小路清掃得很乾淨，可見山胞之勤奮。至村莊前空地上，見山地青年同胞在玩排球，球技相當不錯。不少同遊同仁，都買到山地村落特產，紅皮的枇杷，十分香甜可口，惜我們去遲一步，早賣光了。

九時半，開車離東埔溫泉，北返臺北，中途曾在員林百果山停留遊覽半小時，百果山花園內，有一種類似櫻花的樹，盛開著紅色的花，滿園遍地，艷麗無比。入園須購門票，每人五元。至晚間八時許，返抵臺北，結束為時二天之旅遊，雖稍感疲憊，但心情卻是愉快的。

原載郵人天地第86期

合歡山之旅

臺灣是亞熱帶氣候，可說四季常春。在平地，即使是冬天，也看不到雪，所以在臺灣生長的人，終生沒有見到雪的，恐所在多有。要欣賞銀色世界的雪境，只有登高山，而合歡山為滑雪勝地，尤為一般青年人所嚮往的。筆者來自浙東，對雪並不陌生，但在臺灣，一幌就是二十八年，未親雪姐芳澤久矣，不時回味著孩提時玩雪的樂趣。內子為臺灣人，對賞雪也有很高的興趣。此次因朋友之介，參加某國營公司舉辦的合歡山之旅，得償宿願，衷心至感愉快。

諺云：「事豫則立，不豫則廢」，的是名言，於旅行爬山亦屬適切。因此，在出發前，特請教曾前往合歡山賞雪的同事們，接受他（她）們的勸告：即要穿爬山鞋，以免雪地滑交；要戴能掩蔽雙耳的帽，並加圍巾，以杜冷風吹襲；要隨帶水壺乾糧，俾防饑渴；要儘量多穿衣褲，因高處不勝寒。經事後體會，此種忠言，確具理由。登山鞋目前市價長統要二百多元，短統一百三十元。我倆向同事借了一雙，自己也買了一雙。又準備一隻小熱水瓶，隨帶兩小包咖啡及沙糖，俾於旅途中喝熱咖啡解渴驅寒。至於出門帶身分證，替換內衣褲及盥洗用具等當不在話下。

二月九日中午十二時半，乘欣欣公司遊覽車自臺北出發，與同車某公司員眷們，相處十分融洽。

際此遊覽車屢傳車禍之秋，旅途行車安全最爲重要，對遊覽車公司之管理、信譽、業績等均不可勿視，此雖是主辦單位應予考慮之事，但參加集體旅行者，事先亦宜注意。欣欣公司爲半官方之企業，向著信譽，因此自始即賦予一分安全感。車經桃園、新竹、豐原、東勢，午後六時抵達谷關，沿途並無足述者。谷關爲溫泉區，是此行第一站歇宿之地，旅館業經先期訂妥，於此套一句舊章回小說的話：「一宿無話」，翌晨七時，在晨霧中向橫貫公路進發，車在群山中旋轉迂迴，愈行愈高，路狹坡陡，下臨萬丈深淵，如司機稍一疏忽，或機件發生故障，隨時有粉身碎骨危險。路雖險而境實佳，峰迴路轉，柳暗花明，可說千變萬化，緊張刺激，悅目賞心兼而有之。

車至橫貫公路中途站之梨山，已海拔二千二百五十八公尺，氣候已具寒意。梨山以產梨而著名，兼產蘋果及其他寒帶性水果。梨山附近之山，原始森林，多已爲榮民斫去，開墾爲果園。每枝梨樹之四周，用竹桿四支撐住，上縛鐵絲，使樹枝張開，據稱其作用有二：一爲使其枝葉能充分享受陽光，俾發育良好，結實較多；二爲可承受累累果實之重量。時當冬令，果樹光禿禿僅剩枝椏，一片蕭殺景象。距梨山賓館不遠，有國軍退除役官兵輔導會所辦的福壽山農場，規模宏大，車在場內行，可數十分鐘，兩旁是一片整齊的梨園與蘋果園，一望無際，此是勞苦功高的榮民，多年胼手胝足辛勤經營的成果，血汗的結晶，使人油然而生無限敬意，同時對　蔣院長創辦輔導會，安置榮民其對國家社會之貢獻，何可勝計，高瞻遠矚，更令人崇敬萬分。

車在梨山僅停半句鐘，繼續向上爬行，中午十二時抵大禹嶺，因去合歡山，路更爲狹隘險阻，爲安全計，大型遊覽車多停留不前，但有小型計程車可租，每車乘五人，每人來回收費新臺幣一百元。乘車約半小時可達合歡山松雪樓，如步行則需三小時，往返則需六小時，可視各人體力及時間而決定乘車或徒步。一般而言，青年男女則多三、五成群步行攀登。我們在大禹嶺時，艷陽普照，宛若江南小陽春。此時賞雪人的心理，深怕如此大太陽會將合歡山的積雪融化了，如果白跑一場空，那多掃興，故寧願彤雲密布，氣候轉寒。大禹嶺僅三數家小吃店，出賣一些饅頭包子，麵及米粉，味既不佳，衛生方面亦未如理想，如能事先帶一點麵包等乾糧，實亦屬需要。

我們乘計程車上山，至海拔三千公尺左右時，已無太陽，只見濃霧迷漫，冷風割臉，路旁草叢中及樹顛已有積雪，愈上升氣候愈冷，風愈大，雪愈多，霧愈濃，大家興趣也愈高。最後終於抵達合歡山之顛－松雪樓，海拔三千一百公尺。下車，只聞朔風怒號，冷不可當，風之強勁，使人幾不能站立，呼吸亦感困難，白霧迷漫，不見遠景，積雪寸餘，四周白濛濛一片，相擁入松雪樓避寒，室內有熱開水供應，亦有用煤油點燃的暖氣設備，惟至夜晚始應用。該樓雖可供膳宿，惟須事先接洽，臨時恐無法供應。是日賞雪人絡繹於途，樓內人滿爲患，男女老少俱有，其衣著裝備各異。後與內子冒風寒至樓外賞雪，附近有滑雪場及青年活動中心合歡山莊。至滑雪場則闃無人影，由於是日風太大，滑雪場坡度又陡，無人敢冒生命危險。在室外稍久，毛髮衣履即罩上一層白色雪花，頗覺新鮮，至於踏雪玩雪，拍照留念，自不在話下。午後三時，天較來時更暗，風更大，氣溫更低，由松雪樓門前大樹上所掛溫度計顯示，已至零下四度。上山時未乘計程車者，爭著攬坐回程車，因此時步行下山，實太危險。我等幸事先包好計程車，得安全返回大禹嶺。走筆至此，要特別提醒以後上合歡山賞雪朋友注意的，除要穿登山鞋，多著禦寒衣服，及隨帶乾糧外，上下山計程車最好先予約定，記明車號，上山抵達松雪樓時，不要將車資付清，可酌付不及一半之定金，或說好乾脆回到大禹嶺時一次付情，以免屆時在山上攬不到車，無法返回。

十日晚宿梨山賓館，爲一具有水準之觀光旅社，房間亦宜事先訂定。賓館內餐廳，客飯每客要六十元，早餐三十元，在外面亦有小吃店，價雖廉但衛生較差。該館有一康樂室，設有彩色電視、撞球檯、乒乓桌、書報等，可供旅客消遣。十一日晨八時踏上歸途，仍由原路返回臺北，車至橫貫公路某管制站時，曾參觀著名的達見水壩工程，相當偉大，該壩位於海拔一千四百餘公尺，在兩山之間，斷崖深淵，削壁千尋，壩高一百八十公尺，約等於五十層樓高，爲一雙曲線混凝土方型拱壩，有效蓄水量爲一億七千五百萬立方公尺，築成後可供發電二十三萬四千瓩，並可使下游各電廠得以擴充設備，發足電量，據稱可於本年內竣工，在世界石油能源危機聲中，實爲一莫大佳音。

以上所記，或可供以後去合歡山賞雪同仁們的參考。

原載郵人天地第48期

十分寮瀑布

臺灣寶島美麗風光，已名聞全球。新的風景區之發現，層出不窮，像溪頭、鷺鷥潭、佛光山，甚至墾丁公園，野柳等名勝區，在十數年前，都是默默無聞，鮮爲人曉的。十分寮瀑布，那是最近才爲人知旅遊的好地方。十分寮在平溪附近，四周群山環繞，可說爲一新闢的處女地。如欲去該地探幽問勝，有兩條路可走：一是在臺北火車站乘宜蘭線火車至瑞芳猴洞轉換平溪線火車在十分站下車，沿鐵路路軌步行，約半句鐘抵達。二是乘汽車經木柵、深坑至平溪，轉乘火車，也在十分站下車前往。

臺北郵政體育委員會，爲倡導員眷正當活動，調劑同仁身心，舉辦十分寮瀑布之遊。參加同仁僅須繳新臺幣四十元，除包括車資及門票外，每人還可獲得精美餐點一盒，內有滷蛋、炸排骨、咖哩飯、蛋塔、三明治、香蕉等，實在十分低廉。三月二日，星期日上午九時，由體育會租了二輛大型遊覽車，自總局出發，經自強隧道，至木柵後，即進入山區，車在群山中迴轉，路面狹窄，時爲避讓對面來車而停車，致行車較爲緩慢。山路雖狹隘難行，但沿途景色宜人，空氣亦極清新，是吾人在市塵中絕難享受到的。且是日也，風和日麗，爲郊遊的好天氣。

車至平溪，大家轉乘平溪線小火車，約經三站到十分站下車沿路軌，踏枕木，安步當車。該線火車班次不多，故在軌道上可安心行走。浸浴在和煦的麗陽下，春風拂面，一面欣賞兩旁旖旎風光，一面與同行友好，上下古今，隨意閒談，實亦人生樂事。至十分寮瀑布處，山勢豁然開朗，兩山之間，有一溪流，至此處地勢陡落，因而形成瀑布。

瀑布入口處每人須付門票新臺幣三元，諒爲瀑布管理者作爲維護清潔等費用，不能算貴。管理辦事處有汽水、可樂、麵包等出售，亦有麵點。青年朋友如想在河邊野餐，有餐具可租，三十七件僅取費三十元，堪稱公道。搭蓬帳露營，有現成木架。河之旁有小屋數椽，由玻璃窗向內窺視，設有精緻床鋪及廚房用具，大約是供遊客情侶宿夜者。在此風景清幽的地方，如攜知心人兒，抛卻世俗煩惱，來此度一良宵，不啻天上人間。

瀑布高數十丈，橫寬面約五十公尺，由平面傾瀉而下，若白練懸雪，氣勢磅礴，轟然有聲，宛如萬馬奔騰，爲一具體而微之尼加拉大瀑布。如欲至瀑布下瀉處的河谷，可沿岩壁，經人工開鑿的棧道而下，路極狹，僅可通一人，下臨深谷，幸一邊有用鋼筋作欄杆，可供扶手。下流河床上布滿各種形狀的巨石，有一、二塊高十餘丈，可攀登而上，上面平坦，宜於遠眺攝影及野餐。河兩旁爲高山，樹木蒼翠欲滴。山邊岩石，尚留有被海水沖擊的痕跡，在往古可能是大海，是否蒼海變桑田，只有讓地質學家去研究探討了。

古文有云，滄浪之水可以濯足，見急流清溪，忽萌童心，與同行王醫師夫婦等，在瀑布下瀉處，脫履洗足玩水，宛若流光倒退數十年，爲之樂甚。瀑布上游，在鐵路橋之下，有所謂眼睛洞者，河岸兩個並排的大洞，遠看確像是一對眼睛的窟窿。不少青年男女，在橋下砂灘上，取石塊作灶，就地取柴，點起熊熊之火，烤起雞腿、翅膀等，塗上醬油等佐料，香氣四溢，令人饞涎欲滴，大嚥口水。年輕男女朋友，有在河岸跳土風舞者，有圍坐講故事說笑者，亦有一竿在手作垂釣者，彼等心情，天眞快樂，早將大家所耽憂的能源危機，中東戰爭，越南高棉危局，拋諸腦後，世事擾擾，於我何涉。同行諸君，實恨不得年輕數十歲，參與彼等行列也。

總之，大家對十分寮之遊，感到十分滿意，此種旅遊活動，有益身心，宜乎時加舉辦。

原載郵人天地第62期

蝴蝶谷之遊

臺灣寶島，有「蝴蝶王國」雅譽，初鮮爲人知，及本局接二連三，推出幾套以臺灣特產蝴蝶爲主題郵票，才逐漸傳播開來，受人注意。本島地處亞熱帶，氣候溫和，四季如春，森林茂盛，百花爭妍，適於蝶類之衍生繁殖。臺灣蝴蝶種類之多，獨步全球。據專家調查統計，已發現的蝶類約有四百種，全世界蝶類分十二種：鳳蝶科、粉碟科、斑蝶科、天狗蝶科、蛇目蝶科、挾蝶科、環紋蝶科、小灰挾蝶科、小灰蝶科、挵蝶科、魔爾浮蝶科和貓頭鷹蝶科等。本省除最後二科之蝶類尚未發現外，已擁有十科之多，稱臺灣爲「蝴蝶王國」，應屬「名至實歸」，並不爲過。

聽說臺灣南部有幾處蝴蝶谷，於蝴蝶盛產季節，谷內萬蝶飛舞，蔚爲奇觀。記得不久前，電視上曾有專訪蝴蝶谷的鏡頭，五顏六色的蝴蝶，一群群，一隊隊，於花間樹隙間飛行，使人眼花撩亂，不勝嚮往，很想前往實地觀賞一番。

本局以臺灣蝴蝶作爲主題而發行郵票，共有三次，第一次於民國四十七年三月二十日發行的臺灣昆蟲郵票，該套郵票，曾被入選爲世界上最美麗郵票之一，並被選印在一九六〇年二月廿九日出版的美國生活雜誌封面上，大受各國集郵人士之注意。第二套以臺灣蝴蝶爲圖案的郵票，於六十六年七月二十日發行，正式命名爲「臺灣蝴蝶郵票」。第三套臺灣蝴蝶郵票則於去年九月二十日推出，是套郵票曾引起軒然大波，因郵票上圖案係採用臺灣昆蟲學家陳維壽先生提供之蝴蝶生態攝影照片，但一些蝶類專家認爲照片上之蝴蝶，係屬死蝶，並非自然生態照片，因蝴蝶之飛行姿態與採花姿態，均與事實不符，投書報刊，並致函交通部林部長及本局要求停止發行，以免有損郵政信譽，事情弄得十分嚴重。據提供郵票照片之陳維壽先生之解釋，他的照片乃選羽化後飛行較遲鈍的彩蝶所拍攝，乃屬自然生態，絕非用死蝶攝影，他並說他拍攝影片時，臺灣「採蝶王」施添丁先生曾從旁協助。本局爲平息爭議，本局郵票設計小組曾放映陳維壽先生攝製之蝴蝶生態電影，加以仔細觀察。筆者爲該小組委員之一，有幸得能觀賞該部影片，該影片係在本省南部森林茂密之蝴蝶谷中所拍攝，各種類之蝴蝶，或成群結隊在空中翩翩飛舞，或在花蕊上停歇採蜜，或至山中清溪飲水，姿態美妙，鏡頭生動。該影片曾獲行政院新聞局頒發「金穗獎」。郵票設計小組經仔細觀察影片結果，發現本局第三套臺灣蝴蝶郵票上蝴蝶之姿態，有若干種確曾在影片內出現，可以佐證陳維壽先生提供之照片，爲蝶類生態，並非用死蝶所拍攝，尙屬可信，因此決定該套郵票如期發行。

看了陳維壽先生所拍蝴蝶生態的影片後，更增加我旅遊蝴蝶谷的慾望。郵政職工體育委員會臺北地區體育小組爲增進同仁們身心健康，提高工作效率，於六月十六日、十七日舉辦本省南部旅遊活動，旅遊地點竟包括美濃黃蝶翠谷及六龜彩蝶谷在內，聞之大喜過望，即率先報名加入。

六月十六日清晨七時許，總局、儲匯局、臺灣郵政管理局及臺北局員眷共八十餘人，分乘兩輛有冷氣設備的新型豪華遊覽車，沿高速公路往南疾駛，中午抵達嘉義，於一市場內用過簡單午餐後，即驅車往珊瑚潭遊覽，該潭原名烏山頭水庫，其上游爲曾文溪水庫，面積據稱有一千三百甲。大於日月潭，潭中小島羅列，景色不錯，其中有「夢之湖」者，聽說曾拍過一部電影，遺有建築獨特的房舍一所，供遊客攝影憑弔。潭邊有船可租以泛湖，大船乘數十人，每人取費四十元，另有一種僅能容納五人乘坐的馬達決艇，在湖中航行，其疾如矢，宛若遊龍，艇過處，浪花四濺，人坐其上，至爲刺激過癮。在湖上遨遊十分鐘，每人收費五十元。

當日下午又曾去安平古堡，因該地爲數度舊遊地，無足述者。當晚宿臺南華都大飯店，晚飯在阿霞飯店吃海鮮，該店爲一中年婦人名叫「阿霞」者所開，已名聞遐邇，聽說蔣總統亦曾前去光顧過，店面雖「其貌不揚」，但坐無虛席，生意十分興隆，價錢亦相當昂貴。我們同行者四人，點了三盤菜：青蟹、蝦、拼盤（有烏魚子、花枝、筍、色拉等），一盅湯（河鰻），化去一千二百元，幾使人難以相信。每盤菜之份量，足可供八人食用，因之剩下甚多，頗屬浪費，有被「敲」感覺。

翌晨五時半起床，原定六時駛離臺南，結果因兩位同仁之不守時，遲至七時始出發。團體旅遊活動，「守時」最爲重要，試想兩車八十多人，爲一、二人之遲到，在車中枯等一小時，其滋味之難受，當可想而知，同時也將影響以後旅遊行程。

我們先至黃蝶翠谷，該谷位於美濃鎮廣林里東北方的雙溪，下車須步行數十分鐘，因週前大雨連朝，我們到達時雖已放晴，惟山路仍泥濘難行。入山須涉一淺溪，大家紛紛脫去鞋履，撩起褲管衣裙，赤足涉水，別有趣味，構成一幅美妙圖畫。山內樹木蒼翠蔥鬱，並盛產鐵刀木，據悉該項樹木，爲黃蝶幼蟲所喜食之物。澗水清澈，溪畔生長之穗草及野花，均可供羽化後的蝴蝶吸食，山中氣溫又宜於蝶類之生息繁衍，因此形成蝴蝶翠谷。

彩蝶谷則位於六龜，我們到達六龜時，已將近十一點，是日爲星期天，六龜郵局局長吳深滾先生特備甜茶，供我們解渴，並張貼紅紙條歡迎我們，送每車同仁大木瓜四隻，熱誠可感，具見郵政天下一家的親愛精神。又承六龜郵局派同仁一人作嚮導，帶我們上彩蝶谷，六龜彩蝶谷的景色與美濃黃蝶翠谷一樣幽麗，環境亦相若，有山有澗，森林茂密，均適於蝶類生長。可惜我們此次遠道跋涉，專程前往遊覽蝴蝶谷，想一觀萬蝶飛舞奇景，因不是時候，在兩處蝴蝶谷所看到的蝴蝶，寥寥可數，大約不到十隻，眞大失所望。究其原因，承山邊居民告知，係因最近半月，適逢黃梅雨季，山中蝶類所生幼蟲，多爲雨水沖走，其倖存者爲數無幾。寄語以後往遊同仁，事先應打聽淸楚，適時前往玩賞，以免徒勞往返。

原載郵人天地第113期

小琉球風光

在臺灣的外圍島嶼中，小琉球是值得一遊的。

小琉球是俗稱，正式名稱爲琉球嶼，行政區屬於屏東縣，設琉球鄉，劃分爲八個村：上福村、下福村、大福村、南福村、中福村、杉福村、漁福村、本福村等。鄉公所設於本福村。

小琉球位於臺灣之南，與臺灣本島間最短距離，由東港而往，僅一二、四一公里。島之周圍共長一一、九三六公里，面積六、八〇二平方公里。依照面積而論，在臺灣外圍島嶼中，小琉球次於馬公島（六四、二四平方公里）、蘭嶼（四五、七四平方公里）、漁翁島（一八、二〇平方公里）、綠島（一五、三四平方公里）、白沙島（一四、一一平方公里）、四罩島（七、一八平方公里）、七美嶼（六、九九平方公里）等，佔第八位。島上最高之點，爲龜仔路山，僅高八十七公尺，因此地勢多平坦。全島人口共約二萬五千人，多以捕漁爲生。島上尚生產落花生與甘藷等，居民並以養豬爲副業。小琉球並無河川，全賴鑿井得水，以供飲用與灌溉之需。

近年來政府積極推展觀光事業，對小琉球之美麗風光，並未忽視，輔導屏東縣政府經營建設，不遺餘力，使成爲海上公園，以吸引外來遊客，增益地方收入。

由臺灣前往小統球，須乘船，由東港而往，較爲便捷，約半句鐘可達。現有交通班輪，可搭客一百人，艙內有靠背椅座位，瞭望窗外，海闊天空，但刺耳馬達聲及柴油味，較難忍受。坐在艙頂甲板上受海風吹拂，則略好，惟難避雨淋日曬。

交通班輪，現已規定搭客名額，額滿即不許上船，此在乘客安全上，乃屬必要措施。記得在二十年以前，有一次筆者與潘處長安生兄追隨盧郵務長太育先生出差南部，欲乘便去小琉球一遊，該時交通班輪較今簡陋多多，既無座椅，又不限定乘客人數。我們三人已購票上船，後眼見搭乘者源源而上，雖至站的地方都沒有，商人貪利，仍不停止售票，盧郵務長爲安全著想，毅然率同筆者等下船。流光如駛，一幌已二十餘寒暑，今盧郵務長墓木已拱，而我等亦已距退休之年不遠，不勝感慨。

琉球鄉公所爲便利外來遊客觀光遊覽，備有大型公共汽車，每人票價爲新臺幣二十五元，由總站至觀光區美人洞及烏鬼洞，來回約一小時，每隔半小時有班車一次。車站附近，亦有計程車可僱，由司機作導遊說明，遊覽島上一周，取費約新臺幣一百五十元，堪稱公道。

美人洞風景區內之勝景有十三處之多，即所謂㈠曲徑探幽，㈡天外天，㈢蝙蝠洞，㈣情人坪，㈤仙人洞，㈥仙人泉，㈦望海亭，㈧美人洞，㈨怡然園，㈩寧靜亭，⑪迷人陣，⑫一線天，⑬榕岩谷。上述各處勝景，樹木扶疏，岩石形狀變化多端，使人有鬼斧神工之感。到處曲徑通幽，石板舖路，蔭涼潔靜，夏天往遊，最爲合宜，惟須隨帶野餐飲料，因當地並無攤販。

至於另一處觀光區爲烏鬼洞，入內要購票，乘公共汽車者則可免費。烏鬼洞在海邊，上下海灘，羊腸小路，高低彎曲陡險，兩旁怪石崢嶙，途中尚有亭臺，可休息瞭望大海，風光旖旎，使人胸襟壯闊，塵慮盡消。說起烏鬼洞之由來，尚有一段悲淒壯烈的故事。據洞口所立石碑上記載，明永曆十二年，延平郡王鄭成功克復臺澎，驅走荷人，少數黑奴未及歸隊，逃來本嶼，潛居山洞，數年後有英軍艇在山洞西北之蛤板登陸，觀賞風光，黑奴乘機搶物燒艇，並盡殺英軍。旋搜索之英艦，發現艇毀人亡，乃上岸搜索，但黑奴潛伏洞中，百般誘脅，誓死不屈，乃灌油引火，黑奴盡死洞中，後人遂名爲烏鬼洞。

烏鬼洞風景區可遊覽之地有浩然亭、別有天、幽情谷、洌池、怡橋、扶搖直上、甘泉等處，均值留戀留影。

原載郵人天地第109期

娃娃谷

「娃娃谷」，多美的地名呀！聽人說那裡的風景不錯，很好玩，可是要先辦入山手續，前往不易。我素有「探幽問勝」的癖好，對此「娃娃谷」，嚮往已久。

臺北體育小組舉辦「娃娃谷」郊遊活動，其通告上對「娃娃谷」的風景曾作一簡短的描述：「娃娃谷位於烏來深山中，是山地管制區，須預先辦好入山許可，始能前往。乘車至烏來，即下車步行，約二小時許方可抵達，沿途山道崎嶇，但景色壯麗，青山翠谷，如詩如畫。娃娃谷並不太大，但最富有野趣，是年青人露營的勝地。潺潺流水，可戲水、可垂釣、可烤肉，另有一番風味，假日徜徉其間，使人留連忘返。」

上述簡介，文筆簡潔優美，不愧爲寫景勝手，使我對「娃娃谷」又多一層認識，也增加我參加郊遊的興趣。

六月五日，臺北體育小組租了三輛光華公司的遊覽車，滿載著郵政員眷，浩浩蕩蕩前往「娃娃谷」。車上聽領隊說，能舉辦此次郊遊，確也不簡單，因爲取得入山許可，費了不少週折。不但事先要收取每一位參加同仁及其眷屬的身分證或戶口名簿，列冊申請，而且向那一個警察單位辦理，也搞不清楚，經多方詢問，無數次的奔波，時而警務處，時而臺北縣警察局，時而新店警察分局，往返洽詢交涉，花了不少精力，始獲得入山許可，得來不易。使我們對主辦同仁，此種任勞任怨的辦事精神，實不勝其感激敬佩之情。

烏來山區，聞多毒蛇，什麼雨傘節呀，青竹絲呀，被牠咬上一口，多會致命，令人驚怖。又有一種毒蜂，亦不可惹，不然牠會群起而攻。毒發身死事例，曾迭見之於報章。因此，領隊先生事先勸請大家進入山區後，要特別注意安全，最好三、五結隊而行，不可單獨落後，俾能互相照顧。要走大路，不要步入草叢小徑，以免蛇咬。樹上如發現蜂巢，千萬不能碰它。領隊先生此種事先誥誡，實在十分必要。

我們所乘三輛遊覽車於八時二十分駛離臺北郵局，九時許抵達烏來觀光區入口處，下車進入觀光區，須購門票，我們因已由主辦單位購買團體票，故可無庸個別購票。由此入口處至娃娃谷入山管制區，步行約需四十分鐘，如花十元錢，乘台車至烏來瀑布處下車，則可少走半小時的路程。

去娃娃谷入山管制，由一警察派出所負責，在那裡要逐一核對身分證後始准入山，可說十分嚴密。由此至娃娃谷，徒步還要走一個半小時。山路沿著一條小溪伸延，起初尚稱平坦，路面舖有柏油，可通行小汽車，惟極少車輛往來。中途過一吊橋後，已無柏油路面，路亦漸窄，由於日來山雨，有若干處積水盈寸，泥濘不堪，大有行不得也哥哥之感。

沿途風景確實十分秀麗，兩旁為高山，樹木蒼翠欲滴，雲霧迷漫其間，宛若仙境。下臨山澗，清泉急湍，淙淙有聲，如一幅絕佳山水畫。途中到處可見小型瀑布，由上急瀉而下，帶來一股清涼冷氣，較之冷氣機，尤爲涼快清爽。

一個半小時的山路，只有一處可供休息的地方，那就是新建的信賢鄉國民學校，校旁小攤，有蘆筍汁、當歸茶、橘子汁、可樂等冷飲出售。最使遊客高興的，是該校盥洗室之清潔無比，全部以白瓷磚砌成，不亞於觀光旅社，由此可見山地國民學校校舍建築水準已趕上時代。

由國民學校到目的地—娃娃谷，僅約二十分鐘路程，將到達娃娃谷處，河面較寬，水亦較深，成碧藍色。岸邊岩石上，已有垂釣者、野宴者。

我們到達娃娃谷已將近中午十二時，所謂娃娃谷者，乃是群山中一處山谷，谷腹不大，有瀑布如銀鍊，由上傾瀉而下，轟隆有聲。瀑布爲二疊，立於瀑布前之木橋上，可清楚觀賞二疊瀑布之美景。二疊瀑爲娃娃谷瀑布之特點，爲他處所無。至於因何谷名「娃娃」，百思莫解，亦無處請教。娃娃谷瀑布氣勢雖較銀河洞瀑布爲雄偉，但其高度則不及烏來大瀑布，橫寬度又不能與十分寮瀑布相比。地處谷底，四周高山圍繞；陽光恐不易照射到瀑布，因此，當不能有東埔溫泉彩虹瀑布之五彩奇景出現。臺灣多瀑布，除上述諸瀑外，經筆者遊覽觀光過的，尙有宜蘭五峰瀑布、金銀瀑布等，各有其特色，但二疊瀑布，則尙不多見。

去娃娃谷，由於辦理入山手續之不易，前往觀光者並不踴躍。當地無任何攤販，大約生意不好做之故。因此奉勸讀者，以後如旅遊是谷，最好要隨帶乾糧飲料，以防饑渴。在瀑布下怪石上，坐著野餐，一面觀賞飛瀑，一面赤足玩水，樂在其中。

山間多雨，尤以際此梅雨天氣，雨水特別多，攜帶雨具，亦屬必需。那日午後不久，天降傾盆大雨，又無躲雨處，雖撐著陽傘，衣履仍濕，濕漉漉地怪難受的。冒雨步回烏來，買一雙拖鞋，脫去浸濕鞋襪，上車返回臺北。

娃娃谷，在群山環抱之中，景緻秀美幽靜，空氣清新，夏日晴天，約三五友好，來此郊遊野宴垂釣，倒不失爲一驅暑度假好去處，樂爲之介。

原載郵人天地第88期

靈山勝境——鳳山佛光山

臺灣寶島美麗風光，已名聞全世界，來臺觀光的人數逐年增多，去年一年已達八十二萬人，今年可能會超過一百萬人。觀光事業——這無煙囪的工業，給本島帶來了無比的繁榮，也增加了國家不少的外匯收入。推源溯本，固然要歸功於政府的鼓勵與提倡，但地方的出資與經營，亦功不可沒。因之，新的名勝觀光區，次第在各地出現，舊的古蹟，也多能化財力予以整修充實，推陳出新。現爲衆人所熟知的臺灣南部墾丁公園及北臺灣野柳風光，在十數年前，尙沒沒無聞，是爲一例。

這次筆者因公南下，發現一個新的觀光地區，對北部的人，或尙陌生。際此政府大力發展觀光旅遊事業之秋，值得爲文報導。這一新的旅遊地區，就是「靈山勝境佛光山」，位於高雄縣大樹鄉境內，鳳旗公路之邊，距鳳山約十數公里。背靠重巒疊翠，面臨淡水溪流，並有茂林修竹，風光旖麗，交通亦稱便捷。

佛光山，顧名思義，是佛教勝地，設有二所專研佛學的學院——東方佛教學院與叢林學院，以推動人間佛教爲職志，創辦人爲星雲大師。佛光山建築雄偉，格調兼具宮殿式與寺廟式。殿宇飛雲，雕樑畫棟，顏色鮮麗奪目，落成諒不甚久，部分建築仍在興建之中。車抵佛光山，有廣大水泥停車坪，前面是觀音放生池，池中和愛島上矗立著一座白色觀音菩薩像，雙足踏在一條五彩金龍上，手持玉瓶，聖水汩汩不停地由瓶中下瀉，有普施甘霖於人間的含意。

寺之入口，有高大紅色半圓形山門三扇，僅中間一門開放，上書「不二門」三個大字，諒係「不二法門」之意。其背面則書有「靈山勝境」四字，筆勢渾厚，龍飛鳳舞，頗有功力，不知爲何人手筆。入山門須拾級而上，共六十級。山門外形有點像圓山忠烈祠大門。入門後有一座類似回教式的建築物在望，稱爲朝山會館，屋頂五座帽塔式的尖頂，襯著藍天白雲，使人有天方夜譚奇幻仙境的感覺。會館係供善易信女食宿之所，並有佛像，木魚式鎖鍊，佛光山風景明信片等紀念品出售。

朝山會館左邊，有一陸橋，下臨數丈深谷，別有景色。過橋是號稱萬佛的大悲殿，它的尖塔屋頂和朱紅圓柱，則又具有我國傳統寺廟格調。殿高約三層樓，同行晏星兄笑說是打羽球絕佳場所。殿正中供奉純白色觀世音菩薩，法相莊嚴，使人肅然起敬。四周壁上，則密密集集地一排排整整齊齊的放置著白色小型觀音坐像，每排計三百十八座，上下共二十二排，相當壯觀，號稱萬佛，並不爲過。此項小佛像係由善男信女所捐獻，像上書有呈獻者之芳名留念。

佛光山二所學院有男女學生百餘人，其中有來自越南、香港、菲律賓等地的華僑，亦有不遠千里而來的西德、美國等外籍學子。學院院舍與大悲殿相毗鄰，高敞整潔。「行願智悲」是他（她）們的院訓。年輕的比丘尼，已除去三千煩惱絲，禿頂香疤宛然，袈裟涼鞋，青磬紅剎，誦經浴佛，將度其一生。入院求學，據稱全部免費。

山後有一座白色三角形尖塔，有數丈高，上書「佛光山」三字，塔前坐著一尊彌勒佛，袒胸露肚，笑臉迎人。此外，正在鳩工興建中的尙有十丈高接引大佛，地點在西山山坡之上，由山坡可俯視遠處田畦阡陌及碧綠的高屏溪，使人心曠神怡。總之，佛光山是南臺灣新闢的觀光地區，亦爲佛教勝地，小有名聲，曷興乎遊。

原載郵人天地第51期

晨遊壽山記

壽山古稱打狗山，在高雄市西北側，介乎高雄與左營兩港口之間最高處，海拔三百五十六公尺。相傳山上原有許多猿猴，歐洲人曾稱之爲猴山（Ape Hill）。山爲珊瑚石灰岩所成，地形複雜。光復後爲港口要塞所在，有公路可通。

壽山現已成爲南臺灣國際港都高雄市市民的寵物，在塵囂的都市裡，給人一塊寧靜土，供你調劑身心，吸取清新空氣。壽山公園經闢爲觀光區，是到高雄觀光客必到之處。

「晨」是美好的，也富有朝氣的。俗話說：「一日之計在於晨」，農家並有「三朝抵一日」的說法，認爲三天早晨的工作，足可抵一日而有餘。他們重視早晨，爭取工作時間，使生活更充實，更有希望。港都夜生活，燈紅酒綠，紙醉金迷。但也有早覺的一群，壽山之晨，反映出大都市的另一面，即充滿生氣活力光明的一面。

筆者於今年六月間，因公南下，逗留港都數日，有幸領略壽山之晨的風光，同行者爲友好正原兄。晨六時，其他旅客尚在夢鄉中，我倆偷偷地開了旅館的門，步向壽山。是時天尚未大亮，天空遠處，間有一、二顆晨星在向人間眨眼。街上靜悄悄地，行人稀少，偶而也看到趕往市場的菜販，匆匆而過。

到達壽山山麓，早覺上山者漸多，有男女老小，大多穿一雙運動鞋，精神飽滿，生氣勃勃。上山途中，在路旁寬闊處，或在公園內，或在寺前廣場上，隨處都可看到玩羽球及打太極拳的人們。迎面還碰到上山作晨操一隊隊的阿兵哥，此時他們的步伐，輕鬆而不亂。清晨，微風不興，是一日之中，露天打羽球最好的時刻。筆者與正原兄雅好羽球，與她結不解緣者已達十八年之久。猶記得民國四十六年間，家居青潭，中正堂尚未建立，因無室內羽球場，故與正原兄等常在晨曦初上時，在室外打羽球。今在壽山，睹高雄市民打羽球風氣之盛，內心竊喜，不免手癢，很想臨時客串一番，以一露身手。

信步抵達山顛，出一身微汗，彷彿做了柔軟體操一般，已達到運動健身目的。我們於山頂稍坐，遙望遠處碧海藍空，浩浩蕩蕩，胸襟爲之一闊。此時日未東昇，鳥未出巢，樹顛無風，四周一片寧靜，浸浴於大自然美好環境中，拋卻世情俗念，應是一大享受。

下山循原路歸抵旅館，僅七句鐘，一般旅客仍高卧未起。

原載郵人天地第56期

墾丁公園及曾文水庫之旅

墾丁公園與曾文水庫為南臺灣著名風景區，前者已經由政府於民國七十一年九月一日明定為第一個國家公園，交通部觀光局特設墾丁風景特定區管理處來負責設計規劃與管理。墾丁公園位於本省南端恆春半島，半島內兼具海灣、丘陵、草原與熱帶闊葉樹林等變化多端的地理形勢，環境幽美，四季如春。墾丁國家公園，廣而言之，應包括墾丁森林遊樂區，墾丁牧場及墾丁海濱區。而一般旅遊公衆，遊覽墾丁公園，則多指墾丁森林遊樂區而言。遊樂區範圍甚廣，為本省唯一熱帶植物園，擁有熱帶樹林，據稱有一千多種之多。該園經過有關當局數年來之慘淡經營，值得遊客光顧的景觀有茄苳巨木、花樹、人工湖、石筍寶穴、銀葉板根、望海臺、仙洞、觀海樓、銀龍洞、雨傘亭、垂榕谷、述宮林、一線天、第一峽、棲猿崖等。此外，尙有可供青年朋友們露營野餐的地區，逐漸聞名中外，每逢周末假期，遊人如織。

至於曾文水庫位於臺南縣楠西鄉境內，為本省著名水庫之一。係利用曾文溪之天然資源，以供應嘉南地區農工業及居民用水，於民國五十六年十月卅一日先總統　蔣公華誕日開始興建，至六十二年十月卅一日完工落成，較本省北部的石門水庫晚約九年半。曾文水庫範圍甚廣，總蓄水量達七億八百萬立方公尺，壩高一百三十三公尺，工程相當偉大。而湖光山色，風景至爲旖麗。因此，曾文水庫是一個具有灌溉、發電、給水、防洪、觀光等多目標效益之水利工程，値得前往遊覽與觀光。

郵政儲金匯業局中山室爲提倡員工正當活動，增進同仁間情誼，適有墾丁公園及曾文水庫旅遊活動之舉辦，自六月二日（星期六）十一時至四日（星期一）下午四時，爲期二天半，每人僅收費新臺幣一千三百元，包括遊覽車車費，旅途期間兩宿宿費及早、中、晚六餐餐費，可謂十分低廉。筆者夫婦即報名參加，其他同行者尙有儲匯局兩位副局長伉儷、儲金處王處長、總局集郵處王處長伉儷及侯委員等同仁眷屬共計九十人。

六月二日上午十一時許，我們分乘兩輛全新的豪華遊覽車，從儲匯局廣場出發。雖逢梅雨季節，臺北已下了好一段日子的雨，但我們的運氣不錯，出發那天，天氣放晴，惠風和暢，爲旅遊的好天氣。遊覽車在高速公路上快速平穩行馳，坐位舒適，服務小姐態度親切，口齒伶俐，又唱歌又講詼諧的笑話、猜謎，車上還有電視機設備，放映錄影帶電影，使人稍解行車疲勞。承主辦單位之設想週到，爲節省時間，在車上供給菜餚豐富的便當一個，作爲午餐。

車曾在斗南附近一殘障青年手工藝品工廠停留數十分鐘，廠內設有販賣部，出售障殘所製青年手工藝品，有由珊瑚、瑪瑙、貝殼、玻璃等製成的首飾、擺設玩意兒、手杖、雕刻品……等等，手工相當精細，價格低廉，同仁們爲濟助殘障同胞，紛紛解囊選購。儲金處王處長買了一隻貝殼雕成的母雞，刻得維妙維肖，栩栩如生，頗令人喜愛。

車過高雄後，轉入往鵝鑾鼻的高級公路，該條公路曾自六十八年起拓寬爲四線道，甫於去年底完成，總工程費達三十五億五千萬元。車行其上，十分舒適平穩。車過枋寮後，公路沿海邊而行，路旁有迎風搖曳的椰樹，襯以遠方的碧海藍天，洋溢著浪漫的熱帶情調。當夕陽西下，又別有一番海上景色。沿途可以看到貓鼻頭、船帆石等景緻。貓鼻頭遠看像蹲仆之貓，距恆春約十二公里，與鵝鑾鼻形成臺灣最南之兩端，面臨巴士海峽。船帆石爲一峙立海中的珊瑚礁岩，外形像進港的帆船。下午五時許，抵達墾丁，夜宿海邊的教師會館，十二人一間。晚飯後愛好土風舞的同仁，在空場上大跳土風舞。

翌晨六時許，同仁多已起床，有的到海邊沙灘上散步，觀賞日出及浪潮，海風拂臉，令人清醒，遙望浩瀚大海，悟人生之渺小，胸襟不禁爲之開闊。有的到墾丁公園附近晨跑，吸收新鮮空氣。七時許集體用早餐後乘遊覽車開到墾丁森林遊樂區，由主辦單位購團體票入內遊覽。墾丁公園已往雖曾來過數次，但每次總限於時間，多參觀到觀海樓，即中途折返，未能盡遊全園。此次由於時間上較爲充裕，同遊諸人興趣亦高，得能盡窺園內各景緻。十時半離墾丁到臺灣最南端的鵝鑾鼻公園觀光，據悉該園甫於年前築成開放，範圍雖不大，但也列有不少美景：好漢石、滄海亭、又一村、虬榕、送風岬幽谷、忘憂道、壕豬石、迎賓亭、相逢谷、千秋谷、古洞、一滴清涼，鵝鑾礁等。各景緻間有石板步道縱橫連接。因指標之設計，未臻高明完善，人入園內，有如入迷魂陣一般，不易找到出口，當日我們就有此種感覺。由於時間上關係，在園內只可停留半小時，所以我們僅能玩到滄海亭，即匆匆問路而出。十一時半離鵝鑾鼻，下午一時到達林邊，在一家海鮮店吃午飯。飯後即開往高雄市，參觀高雄港過港海底隧道。我們乘遊覽車，在過港隧道來回各走了一趟。該隧道為我國第一所海底隧道，係連接高雄市前鎮漁港到對岸旗津區中興商港，共長一千五百五十公尺，於民國七十年五月十三日開工，至今年五月十八日完竣通車，工程費共達新臺幣四十億元之鉅。隧道共有四線車道，左右各兩線，每孔側設有專行駛機車道各一處，工程相當偉大，全由國人設計建造，值得我們驕傲。

參觀高雄過港海底隧道後，即駛往曾文水庫，夜宿曾文水庫管理局憶園內。該憶園樹木扶疏，環境幽靜，空氣清新，有籃球場、網球場、餐廳等設施。園內四周，遍植芒果樹，已結實累累，但尚未熟透，遊覽車服務小姐於車抵憶園時，即事先諄誡提醒大家，切勿私採芒果，如被發現，每一顆芒果，將被罰款新臺幣六百元，因此大家未敢輕舉妄動，只好望樹興嘆。夜間曾下毛毛細雨，因行車勞累，大家提前休息。晚飯後在室內看電視，於新聞中獲知臺北地區昨夜豪雨成災，木柵、永和、中和、士林、板橋及臺北市低窪地區多成澤國，有汽車泡在水中及頂等鏡頭，死傷數十人，災情相當慘重的驚人消息，大家紛紛打電話到臺北家中，探詢情況。

六月四日晨六時，在餐廳中用早餐，有稀飯饅頭，十分落胃。早餐後自由活動，熱衷於土風舞的朋友，又乘此時機在憶園貴賓室內，放起錄音機跳起舞來，沉浸在音樂旋律裡，其樂倒也融融。八時開車遊覽水庫，庫內水位不高，又因時間不許，未乘船遊湖，大家在水庫堤岸旁欣賞湖光山色，時春雨初霽，美景如畫，攜帶照相機的同仁，紛紛攝影留念。十時許遊覽車駛離曾文水庫踏上歸途，車抵臺中市時，已近中午，曾停留一句鐘，讓大家午餐，惟須自理。是日爲端午佳節，愚夫婦特吃粽子應景，另加兩碗魚丸湯，解決了中飯問題。飯後仍循高速公路返回臺北，路上暢行無阻，於午後三時許，安抵家門，結束爲時二天半的旅遊活動。此次旅遊，蒙主辦單位——儲匯局中山室，事先策劃週全，途中又熱誠爲員眷們服務，諸事平安，大家心情愉快，十分滿意，特於文末申致誠摯的謝意。

原載郵人天地第172期

金馬來去

金門馬祖，屹立臺灣海峽，爲我國國防前哨，臺澎屏障，舉世聞名。筆者此次有幸，藉舉辦抗戰勝利三十週年軍中巡迴郵展機會，得能踏上這兩個嚮往已久的島嶼，各作爲期十數天之逗留，內心旣興奮又快慰。金門來去，係乘飛機，在碧空白雲中翱翔。馬祖則搭輪船，於浩瀚無際的大海中乘風破浪，各饒風味與樂趣。

軍中巡迴郵展於七月十六日至二十日在金門首展，筆者偕郵政總局軍郵總管理處欒副處長及郵政博物館郵展布置專家林申埔兄於七月十一日飛抵金門，承軍方代表及第一軍郵局陳局長在機場迎接。至機場休息室辦理入境手續，室內有冷氣設備，相當清潔，見到的軍人，率皆精神飽滿，虎虎有生氣，且溫和有禮，予人第一個印象即良佳。由機場入城，係乘金防部接待車，車頭插有小國旗一面，沿途軍警，均須敬禮。承第一軍郵局之安排，在政委會招待所浯江中心膳宿，安靜整潔，且在市區，十分方便。郵展結束後，於七月二十二日飛返臺北，在金門計十二日。

馬祖列島由甚多島嶼組織而成，有南竿、北竿、東犬、西犬(今改名爲東莒、西莒)之分，尙有東引，其中以南竿最大，爲連江縣政府所在地。由臺灣去馬祖，只有水上運輸，每週僅一次，交通不如金門之利便。馬祖爲軍中郵展之第二站，雖展出期間（自八月十四日至十八日）僅五天，但爲配合船班，在馬祖停留達半月之久。筆者與第一軍郵管理處周副處長及林兄申墉於八月五日乘軍方交通船前往，結果於六日因颱風中途折回基隆，至七日又駛離基港，翌日抵達南竿，轉乘駁船上岸。馬祖第二軍郵局王局長等在碼頭接引。彼原已訂當地招待所英雄館，爲我們臨時住宿之處，後周兄以該館位處半山，距軍郵局及郵展場地山隴社教館，路既遙遠，而上下行車，因坡度過陡，較具危險，因此改宿於軍郵局底樓宿舍，三人一間，亦甚相得。於郵展結束後，爲候船至八月二十三日始返回臺灣。

金門，這座自由中國的海上長城，於十七年前，雖然經過八二三猛烈的砲戰，在僅有一百四十七平方公里的面積上，承受大陸中共九十五萬發之砲彈。十餘年來，賴軍民團結一致，在不斷備戰之中，努力加強各項建設，推展農林畜牧，慘淡經營，今日我們看到的金門，已非想像中的斷垣破壁，彈坑斑駁，而是整潔、禮貌、富庶的金門，日趨壯大堅強。漫遊島上，我們隨處可以看到綠野平疇，碧海青山，林木蒼翠，美景如畫。名勝古蹟，多不勝數，除聞名中外的莒光樓，容於後從詳報導外，餘如太武山上故總統　蔣公親筆「毋忘在莒」勒石、朱子祠、延平郡王祠、魯王墓、古崗樓、海印寺、榕園、吳稚暉海葬亭等，均值留戀、觀光與憑弔。而翠堤圍繞的人造淡水湖泊，散處島上，著名的有太湖、慈湖、榮湖、古崗湖等等，楊柳垂堤，湖光山色，景緻之旖旎，直可媲美杭州西子湖。故今日金門，已成爲觀光勝地。友邦人士曾譽爲「地下堡壘，海上公園」，應不爲過。

至於馬祖之建設，與金門可謂亦步亦趨，其努力及成果，在伯仲之間。馬防部所訂今後努力目標，為發展經濟，充裕民生，俾亦能走上整潔的馬祖，禮貌的馬祖，富足的馬祖及守法的馬祖。總之，金馬的堅強、安定與進步，遠較傳聞及報章報導尤有過之。

金門建設，已從綠化美化，進展到果化。不但把這座雄峙臺海，襟帶臺澎的島嶼，由黃沙蔽日的荒野，變成綠蔭遍地富庶的人間樂土，也把一塊不毛之地，變成了一座海上公園。果化金門計劃到明年為止，在金島將種植各類果樹二十萬株以上，據農業專家說，經過多年來深入的觀察，計有二十七種果樹適宜栽培，其中尤以龍眼、番石榴、葡萄、芒果及木瓜品種為佳。金門及馬祖東莒島，今均已盛產西瓜，香甜多汁，其品質已不遜臺灣屏東的西瓜。將來金馬的水果，當會如酒一樣聞名，向外傾銷，應可拭目以待。

金門名勝古蹟中，最具盛名的，首推莒光樓。建築雄偉壯麗，矗立島上，為金門軍民之精神堡壘。樓共三層，底層為簡報室，二層陳列心戰資料，三樓則為歷史文物。參觀莒光樓，可瞭解金門軍經建設之進步，大陸生活之實況、及金門歷史發展之梗概。登樓憑欄遠眺，遠山近水，盡收眼底，令人心曠神怡。郵政總局曾屢以莒光樓作為圖案，發行普通郵票，先後共計三版，各種面值達四十一枚之多，卓然成為莒光樓郵票專集，能收集齊全者，頗屬不易。軍中巡迴郵展，於馬祖展出時，馬防部司令官曾面告筆者，略以郵政已為金門莒光樓迭次發行郵票，以馬祖景物作為郵票圖案者，則尚未之見，金馬為世所並稱，在國防上立於同等重要地位，似不宜偏廢，因此建議郵政當局亦應為馬祖名勝發行一套郵票，以示並重。他同時指出，馬祖東莒島上的懷古亭，為一具有馬祖代表性之古蹟，可採用爲郵票圖案。爲尊重司令官之意見，筆者曾與樂兄玳熙及林兄申墉專程去了一趟東莒，到該島要乘船前往，有數小時航程。

所謂懷古亭，乃爲保存明朝萬曆年間工部右侍郎董應舉所書大埔石刻而建，石刻之碑文爲：「萬曆疆梧大荒落地臘後挾日宣州沈君有容獲生倭六十九名於東沙之山不傷一卒閩人董應舉題此」。每字約半尺見方，蒼勁有力。石碑距今已約三百九十餘年，尙屬完好，爲保存古蹟，於碑上特建一亭，以防風雨侵蝕。錢大鈞將軍於五十六年曾書有懷古亭碑記，述明建該亭之原委，其全文曰：「明萬曆四十五年夏，都督僉事總兵官沈有容，率水師禦寇，獲生倭六十九人於東沙山，不傷一卒，工部右侍郎董應舉摩崖以崇其功。民國五十四年春，馬祖防衛司令官雷開瑄將軍，往見石刻完好，爲保存古蹟，免久蝕於風雨，爰建亭崖上，既藏適國防部蔣部長經國先生視師蒞止，因請命名。部長以沈公之人道精神與我故總統　蔣公抗日戰爭勝利後對日以德報怨之寬仁厚德，皆本於天地萬物爲一體之仁心，用能發揚中華民族文化之特色，咸當輝映萬稷，遂名之曰懷古亭，俾登斯亭者，覽勝懷往，激勵報國忠忱，戮力復興中華文化云。予嘉其義，謹爲之記。中華民國五十六年陸軍上將錢大鈞敬撰並書。」亭在島之東，俯視大海，風景極佳，惜亭之建築，其式樣無獨特之處，在臺灣隨處可見，僅憑其外形，是否能代表馬祖，而發行郵票，有待郵政當局之商榷。

金馬前線，士氣旺盛，戰志高昂。軍民一家，合作無間。治安良好，宵小絕跡，更無太保太妹，幾達路不拾遺，夜不閉戶境地。街頭巷尾，營房堡壘，牆上所見到的標語，充滿戰地特色，激勵民心士氣，深具作用，其中頗多發人深省，足值述者。用特摘錄若干條於下，以供共賞：「生活不怕苦，工作不怕難，戰鬥不怕死。」「我們的決心，獨立作戰，自立更生，堅持到底，死裡求生。」「步步求生，著著取勝。」「時時備戰，日日求新。」「發揮戰力於地上，保存戰力於地下。」「忠誠機智，勇敢善戰。」「自立自強，奮鬥到底。」「枕戈待旦」「立億載千秋大志，抱青天白日心胸。」金馬的標語中，最令人激賞的，是十大勝利保證，使我們對金馬的保衛，獲取勝利，更具信心。十大勝利保證是：一、信心夠，二、戰志堅，三、訓練好，四、工事強，五、地形險，六、面積小，七、火力大，八、軍品足，九、警覺高，十、戰備週。

此次公出金馬地區，爲期匝月，幾每日晴空萬里，空氣清新，較諸臺北市之空氣污染，何啻天壤。每日晨昏，坐立海邊，遙望大海，迎受海風吹拂，胸襟爲之開朗。惟念到海之一邊，爲大陸故鄉，又黯然神傷。黛色遠山，即是故國錦繡山河。在金門馬山喊話站，距大陸最近之處，僅約一千餘公尺。由望遠鏡中可清楚窺見對岸屋舍，甚至人民公社，有時尚可看到行人車輛。遠方海上，間有點點帆影，據告是對方漁船，但並不闖入我海域。大陸故鄉，有我們的家人親友，睽隔已將三十載，夢魂爲勞。竹幕深垂，咫尺天涯，可望而不可即，人間悲苦事，寧逾於此。但願王師早發，還我河山，與家人團聚，以重整家園。

金馬民風淳樸勤儉，天未明多已起床工作。魚市場及菜市場在晨光曦微中即開始交易，熙嚷往來。一般家庭，多已擁有電視機及電冰箱等電器設備，可謂富足康樂。電視可收到臺灣三家電視節目，惟有時限於氣象，影像較爲模糊。金馬商店誠實不欺，每項商品，均標明價格，推行不二價運動。金馬各有民間電影院，晚間僅放映一場，至九時爲止，因晚九時後，島上交通要道戒嚴，禁止通行之故。在金馬前線，安寧一如後方，雙日不打砲，單日晚上八時左右，偶而可聞到砲聲，約十餘發，砲彈是宣傳彈，內裝傳單，惟如打在身上，亦能傷人，故單日晚上大多避免外出。外島女子，多秀麗熱情。我們在馬祖時期，正值民防訓練，年輕未嫁小姐，均徵召受訓，穿上草綠色的軍服，個個精神飽滿的花木蘭，英姿勃發的巾幗英雄。在馬祖舉辦軍中郵展時，承馬防部的協助，特選派四位正在受民防訓練的健美小姐來會場服務，工作態度甚佳。

金馬交通秩序，使每日在臺灣交通混亂的狀況下過日的人看來，會一新耳目。尤其是在金門，公路平坦整潔，四通八達，兩旁濃蔭夾道。郊外道路之清潔，由附近駐軍分段維護，每日清晨，常可以看到阿兵哥在清掃道路。車輛行人，秩序井然。大小車輛，至十字或三叉路口，在一條白線前，不管前方有無來車或行人，必先停車，然後再開車。當然，金馬地區車輛較少，且多爲軍車，雖無紅綠燈之設置，秩序亦易於維持。馬祖道路不如金門之平坦，上下坡度多甚陡，有高達四十五度以上者，人坐車中，每須提心吊膽，幸一般司機技術不錯，車輛維護亦佳，尙少車禍發生。

金門馬祖的酒，都是聞名的，各有酒廠一座。金門尙有頗具規模的瓷器工廠，供給裝酒用的各式瓷瓶，馬祖酒廠所用酒瓶，則來自臺灣。酒的種類繁多，金馬各有高粱酒、大麯酒、壽酒、樣品酒。有玻璃瓶裝的，也有瓷器瓶裝的，尤以壽酒的瓷瓶，每年的形式圖案不同，爲爭相蒐集作爲酒櫃擺設的對象。金門酒廠近年來出品的益壽酒及龍鳳酒，是用高貴的中藥煉製而成，有延年益壽的功效，銷路至佳。龍鳳酒更適於婦女飲用。據金門酒廠廠長言，該項酒所用之中藥有人參、鹿茸、海馬、當歸、枸杞、紫河車等名貴補藥。益壽酒每瓶新臺幣二百三十二元，龍鳳酒則百餘元。馬祖所產的酒除大麯、高粱、壽酒外，尚有長春酒、海芙蓉酒、黃龍酒、延壽酒、黃酒及青春露等若干種酒，並有大小瓶之分，包裝均甚精美，爲贈送親友最好禮物。

金馬的黃魚、時魚、鯧魚，都是使臺灣的人饞涎欲滴的，惜我們去時，不是時令，無口福享受。丁香魚乾、紫菜亦是兩島的名產。馬祖的海蜇皮、鹹魚乾、蝦皮、蝦油等都具盛名。馬祖東引島上的米醋及香醋，也十分著名，用葫蘆形的瓷器瓶裝，爲到馬祖觀光客必購之物，用以贈送親友。馬祖的西莒島，所產「竹蟶」海味，用以燉雞，鮮美無比，惜年產量不多，據稱僅約數十斤，下海採取，又相當困難，故價奇昂，每市斤要新臺幣八百元，尚不易購到。砲彈菜刀在金門亦享盛譽，聽說是用砲彈殼做成的，鋼質甚佳，每把價新臺幣一二〇元，我們各購了數把。店老闆曾當場表演砲彈菜刀的厲害，他將菜刀往一根圓形鐵管上砍去，「噹」的一聲，使人心驚膽戰，檢視結果，刀鋒了無缺痕，而鐵管上則傷痕累累。

金馬郵政機構的局屋建築，雄偉堅固，樣式新穎，在當地是相當突出的。尤其是馬祖軍郵局，是一幢新落成三層樓新式建築，美觀大方，巍然矗立於山腰，與市區房屋一比，如鶴立雞群，推爲馬祖最雄偉的建築物。一、二樓間的天花板及牆壁，是厚達三尺的鋼筋水泥，所用鋼筋又特別粗。三樓爲局長室、會議室及康樂室，二樓是營業所，底樓充作員工宿舍，是最佳的掩體，人住其中，絕對安全。金馬郵政同仁，無論普郵軍郵，均能和衷合作，不分彼此，有如一家人，工作表現良好，獲得軍民一致好評。此次在金馬得能識八二三砲戰時我郵政戰鬥英雄吳萬雷及董國忠兩位先生，更快慰生平。戍守外島工作同仁，遠離家鄉，生活單調，雖有電視，但有時並不太清楚，因此，他們需要後方同仁多予精神上之鼓勵，尤需精神食糧之不斷供應，以消磨公餘的時光，因筆者在金馬一月，幾本舊的讀者文摘、藝文誌、春秋、傳記文學……曾陪我共度不少良宵，解決內心無限寂寞。

原載郵人天地第67期

參觀中鋼公司及惠蓀林場記

今年九月中旬，筆者有中南部之行，有幸參加兩項活動，其一爲率領郵政人事管理資訊系統專案工作小組人員共十六人，赴高雄參觀中國鋼鐵股份有限公司，其二是參加郵政儲金匯業局中山室舉辦的臺中惠蓀林場旅遊，收穫良多，殊値一記。

爲促進郵政人事管理效率化，並策進郵政人事整體資訊管理之電腦化工作，特成立「郵政人事管理資訊系統專案工作小組」，負責推動該項工作。小組工作人員由總局人事處與會計處、儲匯局人事室與會計處、以及北區管理局人事室與會計室等單位主管及有關人員組成，筆者奉派擔任該小組召集人。

郵政人事薪給雖早於民國六十六年二月起實施電腦作業，但爲配合層峰及本局整體資訊管理作業系統及王安中文電腦之採用，擬予實施郵政人事管理資訊系統。中文電腦是近幾年來的資訊科技產物，縱常耳濡目染，惟實際上對中文電腦所能提供的功能與目標，在業務單位人員尚缺完整概念，除洽請電腦公司舉辦講習會外，乃予設法安排參觀已設中文電腦處理人事資料的機關或公司，以增加相關業務單位及人員處理資訊能力。

本局承資訊專家之介紹，謂高雄中國鋼鐵股份有限公司實施資訊管理制度有悠久歷史，頗具績效。且人事管理亦納入資訊系統，同時用中文電腦處理人事及文書處理資料。本局爲資借鑑起見，經洽承中鋼公司之同意，組隊前往觀摩該公司人事資訊系統作業。筆者奉派擔任領隊，隨同人員計十五人，名單如下：

一、人事單位：

㈠總局：東處長永慶、陳科長吉雄、許科長天賜、嚴副管理師永燈、李科員文元

㈡儲匯局：陳副管理師燕清

㈢北區管理局：謝副管理師菊香

二、會計單位：

㈠總局：徐處長茂蘭、江科長慶鈺

㈡儲匯局：林科長鼎和

㈢北區管理局：游副管理師登貴

三、電子資料中心：祝副主任基楷、陳股長百花、王助理管理師明達、東助理程式管理師理

我們一行十六人，於九月十三日乘火車到達高雄，寓九福旅社。翌日九時，由南區管理局人事室張主任憲章陪同之下去中鋼公司參觀，承該公司行政副總經理宣樹梧先生的熱心接待，首先爲我做簡報，使我們瞭解該公司之一般概況。中鋼公司即所謂大煉鋼廠，爲今　蔣總統經國先生於民國六十年

擔任行政院院長時所推出的十項建設之一。該公司於是年十一月二日奉經濟部令成立，至六十六年十二月十六日完成第一期第一階段建廠工程，而第一期第二階段建廠工程則於七十一年十月竣工，年產粗鋼三百二十五萬公噸，預計至七十七年完成第二期工程計劃時，可達到年產粗鋼八百二十五萬公噸之最終目標。中鋼公司之管理完善進步，在公營事業中頗享盛譽，年有鉅額盈餘。該公司高階層對實施整體資訊管理極爲重視，尤以前任董事長趙耀東先生之推動督責最切，據悉趙前董事長對未上電腦之各項報表拒不核閱，因之迫使各單位提早實施資訊化管理。將各項業務納入電腦處理。

在宣副總經理舉行業務簡報致歡迎詞後，筆者即逐一介紹本局觀摩人員，同時答謝中鋼公司之熱忱招待，讚譽其煉鋼產品之品質，已獲國內外之肯定與讚賞，至整體資訊處理系統方面，更卓著績效，値得我們學習、觀摩與借鑑。最後代表本局致贈中鋼公司銀盾一面，上鐫「資訊楷模」四字，由宣副總經理接受，同時贈送該公司有關主管本局七十二年郵票冊各一本。簡報後承宣副總經理陪同參觀該公司煉鐵、煉鋼、軋鋼等設備及電腦機器。

午餐後休息至一時半，舉行座談會，中鋼公司人事處人事規劃組許組長弘隆、任用組組長賴劉炎、人力發展組組長莊財安、資訊處副處長張景星及工程師莊琪琪、陶天權、黃初凱均參與座談，我方人員乘機向他們提出許多有關人事資訊管理實務上的疑難問題，均承他們一一詳細解答，我方獲益良多。座談會於下午四時在和諧的氣氛中圓滿結束。

臺中國立中興大學農學院所屬惠蓀實驗林場，位於南投縣仁愛鄉之新生村及發祥村，海拔最低四五四公尺，最高二、四一九公尺。除了有原始的參天古木外，有溪流峽谷，山明水秀，鳥語花香，風景優美，空氣清新，森林中迷漫芬多精，宜於森林浴，更適合假日遊憩、露營、登山、健行等活動。中興大學在交通部觀光局贊助之下，已將惠蓀實驗林場開闢爲森林遊樂區，逐步建設美化環境，現已成爲假日遊樂勝地，遊客日漸增多。

惠蓀林場原名能高林場，自民國五十六年五月一日起，爲紀念中興大學湯故校長惠蓀先生於五十五年十一月二十日視察該場育林工作，登山殉職於現場，乃改名爲惠蓀林場。儲匯局中山室於九月十五日及十六日有參觀臺中惠蓀林場之舉辦，筆者與內子即率先加入，同時加入的尚有汪局長伉儷及現已退休的儲金處王處長愷等。我於九月十四日參觀中鋼公司後，於次日偕同資料中心祝副主任基楷兄，自高雄乘八時開的自強號火車至臺中，與由臺北前往惠蓀林場的儲匯局員眷所乘遊覽車相會合。在臺中承中區管理局夏局長荷生兄贈送遊覽車上每位員眷飲料各兩罐。車抵埔里時，又蒙埔里郵局局長白榮輝先生贈送當地公賣局酒廠出品的陳年紹興酒一箱及梨山雪梨數箱，壯我們行色，十分感謝。我們於夜幕低垂時抵達惠蓀林場的旅舍區，區內有一棟國民旅舍，可供一百三十二人居住，一座餐廳，可供一百六十三人用膳，另有八棟組合式木屋，每棟可住二至三人。至惠蓀林場旅遊，除須辦入山登記手續外，旅舍須於一個月以前預訂，否則臨時在山上將無夜宿之地。筆者夫婦及汪局長伉儷等均各住木屋一間，設備全新，室內有單人床兩張，另有盥洗衛生設備，每晚宿費新臺幣一千二百元，並不便宜。晚餐在餐廳內集體用膳，每十人一桌，感到十分熱鬧。飯後有的至森林裡散步，領略山中景色，及落日餘暉。愛好土風舞的朋友，則在室外平坦之地，開起錄放音機，大跳土風舞，在深山黑夜中，別具情調與風味。至夜十時許，始盡興各回旅舍。

翌晨一早，很多同事，即起床外出行森林浴，盡情吸收芬多精，我與內子及汪局長伉儷等，則步行到楓林坪，原擬大家一起去巨蛙石遊覽，惟到巨蛙石須直下約四百公尺的山谷，山路又崎嶇難行，同時深恐趕不及原定七時半的集體早餐時間，因此汪局長伉儷及內子等三人行至中途而折回，筆者則鼓勇繼續前進，為趕時間，疾行而下，約十餘分鐘，終抵谷底，有一小溪，溪床中矗立一巨石，酷如青蛙，呈蹲踞翹首狀。而對岸石壁岩層節理明晰，高聳兀立，頗具峽谷特色。溪水湍急，如野馬奔騰，激盪澎湃。同時抵達谷底觀賞巨蛙石勝景的，尚有黃麗華小姐等。後我由谷底趕回餐廳，尚未逾早餐時間，惟已汗流浹背，內衫盡濕了。早餐後我們原想到海拔一千五百公尺的湯公碑憑弔，一行七、八人，沿產業道路步行而往，中途曾搭了一陣運木材的大卡車，下車後步入山路，沿途多杉木人工林及混合天然林，如此在森林中走了不少崎嶇的山路，湯公碑仍無影蹤，而距開車時間——上午十時，已為時不多，不得不中途失望而回，大家走得腰酸腳痛。森林遊樂區內尚有咖啡園區、梨園區及松風山區等風景，均因限於時間，未能遍遊為憾。是日上午十時乘車駛離惠蓀林場，返回臺北，中途曾在臺中遊覽亞哥花園一句鐘，不另多述。

原載郵人天地第177期

臺北同仁旅遊中部記

今年臺灣光復節，剛巧碰上星期天，謝謝政府的新規定，星期一補假一天，連星期六下午休假，接連有二天半假期，賦予我們旅遊的好機會。郵政員工體育委員會乃乘機舉辦臺北地區員眷的旅遊活動，共分日月潭、橫貫公路及阿里山三部分。筆者攜帶兩子參加日月潭行列，交通食宿等費每人僅付新臺幣一百五十元，可謂廉宜之至。旅遊日月潭部分的員眷共一百八十人，分乘四輛遊覽車，於十月二十四日下午二時，浩浩蕩蕩的由臺北郵局出發，開往中部，每車由一位同仁負責聯絡及照料工作。

我們很幸運，碰到風和日麗的好天氣，大家心情很愉快。依照事先訂定的旅遊日程，第一晚宿霧社，次日遊霧社附近風景名勝，並到廬山洗溫泉澡，當晚仍回霧社歇宿，第三日上午遊日月潭，下午經中興新邨及臺中市返回臺北。事後回顧，我們的活動，確也照預定計劃進行，對各主事同仁事先籌劃的周密，服務的熱誠，十分欽佩，附此致衷心感謝之忱。第一天下午，由臺北到霧社的長途行車中，我們僅在新竹及霧峰臺灣省議會停車休息十分鐘，給大家下車方便和活動四肢。沿途除欣賞車外風景外，年輕美貌的車掌小姐爲解車中寂寞，不時高歌助興，還要車內每一位乘客都輪流表演一番，或唱歌或說笑話，一時南腔北調，詼諧百出，車內充滿歡笑聲，同時發現有許多同仁有意想不到的表演天才，總局王主任就是一例，他的流行歌曲和黃梅調，不但贏得全車同仁的讚美，連車掌小姐也自嘆弗如，說他的歌喉眞可媲美歌星。

車過霧峰省議會後，已夜幕低垂，並開始爬山，山路曲折峻險，黑夜在山中行車，也別有一番情趣，到山頂霧社，已晚上九句半鐘了。大家莫不饑腸轆轆，幸主辦同仁已在霧社青年活動中心餐廳爲我們準備了豐富的晚餐，八人一桌，五菜一湯，一時男女老少咸集，幾約三百人用膳，熙熙攘攘偉大的場面，已很久未見到了，所以覺得旣興奮又新鮮，飯吃來也特別香甜可口。當夜分宿該中心的宿舍及當地的旅社裡，也是事先預定分配好的，我父子三人被安排在霧櫻旅社，橫著合睡一張大床，用幾張椅子來擱伸出床外的腳，倒也很有趣。

霧社是一個位於海拔一千一百四十八公尺高的小村落，居民約百餘戶，有國民學校及山地高級農校各一所，當然也有我們的郵局。四周群山環抱，山下有一碧湖，與石門水庫相若，波平如鏡，風景幽美。山頂有一介壽亭，可瞭望全景。霧社櫻花，名聞遐邇，惜去未及時。說起霧社山胞抗暴事件，在臺灣抗日史上應佔重要的一頁，是發生在民國十九年秋天，南投縣仁愛鄉馬赫坡社山胞首領莫那道父子領導山胞，於十月廿七日乘霧社小學開運動會時，用鉤鐮棘矛爲兵器，當場殺死在運動會觀禮的日本人三百餘人，事後日本派軍警數千人前來復仇，山胞據險堅守，日軍用巨炮圍攻，並投擲瓦斯彈，雙方相持達四閱月之久，山胞壯烈成仁者九百餘人，臺灣光復後，我政府爲紀念山胞抗暴的犧牲精神，特於四十二年四月在霧社建立紀念碑一座，現爲當地名勝之一，供人憑弔。

二十五日下午一時，我們驅車到距霧社東北九公里的山下廬山溫泉。該處溫泉水質澄澈，含碳酸質，不但可以飲用，並能治胃病、神經痛及皮膚病等，故有天下第一泉之稱。廬山在山谷中，小橋流水，宛如世外桃源。有旅社多家，中以廬山賓館設備較佳。大家「溫泉水滑洗凝脂」一番，痛快無比，疲勞盡消。入晚仍回霧社，晚上七時，我們在國民學校操場上舉行營火晚會，大家圍成一個大圓圈，席地而坐，四周點起蠟燭，中間用木柴生一堆火，在月黑風高中火光融融，頗有原始風味。晚會中除餘興節目外，還有摸彩，頭獎手錶一隻，為一位太太摸得。凡參加晚會的每人都有幸運獎毛巾一條。

第三天上午遊日月潭，明潭的風光為大家所熟知，用不著浪費篇幅報導，不過主辦同仁為大家都準備了一個富於營養的便當，作為午餐，殊值一提。午後一時離潭踏上歸途，結束二天半的旅遊，深感此種由公家舉辦的集體康樂活動，不但可增進各同仁眷屬間的情誼，並於身心健康與提高工作效率方面，也大有裨益，是值得倡導的。

原載郵人天地第9期

返鄉探親記

自政府於去年十一月開放國人赴大陸探親後，筆者心湖裡即激起萬丈波濤，多麼渴望能早日返回四十多年睽違已久的故鄉，看一看出生地的家園，今日是何面貌，並與闊別幾半個世紀的弟妹及親人們相聚，同時能祭掃一下祖墳，略盡人子之心。在家人不太贊同及耽憂之下，我毅然決然隨著探親熱潮與在台唯一堂弟，聯袂於本年五月九日經香港進入大陸，作為時半個月的探親之行，今總算很幸運的平安地歸來。茲為供後繼赴大陸探親者的參考，特將此次返鄉探親經過及在大陸所見所聞，作一概略性的報導。

赴大陸探親，首先應找一家可靠的旅行社，為你代辦一切手續，因目前能赴大陸探親的，大多是年逾花甲，甚至是七老八十的老人，精力有限，而旅行社可以為你代向紅十字會、出入境管理局及香港政府等申請探親許可、出入境證、香港簽證、台胞旅行證等，並可代訂往返機票及香港過境旅館，甚至還可以在機場接機送機等，付一點手續費，似尚值得。申請探親要準備的證件有身分證、全家最近戶籍謄本二份、二吋半身照片若干張（最好準備十張以上）及圖章等，得到探親許可證及出入境證都很快，唯有香港簽證，因近來探親人數衆多，總得要等待一、二個月。我此行費用，除購買禮品及進入大陸後各種花費不計外，計：出入境簽證手續費新台幣一千元、香港進出兩次簽證手續費新台幣二千五百元、台北香港間中華班機來回機票新台幣七千五百元、香港杭州間中國民航班機往返機票新台幣七千三百元、香港三天旅館港幣四百八十元（係旅行社自己的旅館，故較便宜），台灣同胞旅行證港幣六十元，另付旅行社手續費新台幣一千五百元，共約新台幣二萬二千元。

五月十一日十二時我與堂弟由香港乘中國民航直飛杭州，在途時間僅約一小時五十分。在飛機上思潮起伏，想不久即可與闊別四十多年的妹妹相見，不勝激動。由窗口向下俯視，是久別的祖國錦繡山河，不知別來無恙否。近鄉情怯，飛機愈接近杭州，心情如潮水般愈益澎湃，難以自已。下午二時許，終於抵達杭州機場，妹妹及妹夫率子女等均在機場迎接，相擁而泣，喉梗舌塞，眞是千言萬語，不知從何說起。杭州海關對返鄉台胞，尚稱優待，行李多未經檢查，惟對我手攜三條台灣煙酒公賣局出品的長壽牌香煙，因外盒印有「三民主義統一中國」字樣，遭致扣留，但檢查關員仍和氣的對我說，香煙暫代你保管，等你出境時再予帶回。記得在香港中國旅行社申請辦理台胞證時，櫥窗公告欄內即貼有「凡有三民主義統一中國字樣之物品禁止帶進大陸」之字條，是自己疏忽，怪不得別人。

筆者此次大陸之行，可說是純探親、因杭州、南京各有一妹妹，故鄉嵊縣鄉下老家，尚有弟妹各二人，至父母輩以上親人，均早已故世，所以在大陸十五天期間，僅去過杭州、南京及嵊縣三地探視弟妹，並未乘便到其他地區觀光。杭州是筆者初中讀書的地方，距今已五十多年，杭州西湖風景之美，傳頌古今，聞名於世。俗諺有「上有天堂，下有蘇杭」的說法，可見蘇州與杭州，是人間樂土。

西湖十景（三潭印月、蘇堤春曉、斷橋殘雪、平湖秋月、柳浪聞鶯、雙峰插雲、雷峰夕照、南屏晚鐘、曲院風荷、花港觀魚），都可讓你留連忘返。宋代大詩人蘇東坡讚美西湖的詩句：「水光瀲灧晴偏好，山色空濛雨亦奇，欲把西湖比西子，淡妝濃抹總相宜」，實為最好的寫照，十分適切。筆者此次能於相隔幾半世紀後重遊西湖及欣賞杭州名勝古蹟，幸何如之，心中真有說不出的高興。杭州美景依舊，但有若干古蹟，於文革時遭受破壞。西湖十景之一「南屏晚鐘」的淨慈禪寺，即曾遭紅衛兵的劫難，迄今尚未修復，原在該寺室內的濟顛和尚運木古井，已變為露天殘磚中一口井。而引發「南屏晚鐘」鐘聲的一具大梵鐘，尚放置在閣樓上。該鐘高三公尺，直徑二、三公尺，重量二萬零一百四十二斤，鐘上刻有全部妙法蓮華經，共計八萬四千字，聞於早上四時及晚間八時各撞鐘一次，聲聞遠近。至於往昔香火甚盛的靈隱天竹，巍峨的大雄寶殿，別來尚無恙。聽說紅衛兵原亦欲搗毀破壞，幸浙江大學學生起而保衛，兩陣對峙，杭州市政府當局不能作主，急電北京當時周總理恩來，奉其指示，暫維現狀，始得保存至今。

此次在杭，曾在妹夫兩位公子陪同之下，作了一日之遊，除遊覽上述淨慈禪寺、靈隱天竹外，並到岳王廟祭拜岳墳，墳前跪著奸臣秦檜夫婦、張浚、万俟卨等四座赤裸上身鐵鑄雕像依舊，眞是「青山有幸埋忠骨，白鐵何辜鑄佞臣」，「八千里路雲和月，三十功名塵與土」，不勝感嘆。也曾到蘇白堤漫步，欣賞平湖秋月及三潭印月等湖光山色。至午即在湖邊樓外樓貴賓室品嚐著名的西湖醋溜魚及東坡肉等，確名不虛傳，東坡肉與外雙溪故宮博物院珍藏的一塊豬肉玉石國寶，十分相似。午後曾至虎跡泉淙的虎跑寺滴翠軒，品茗龍井茶，每杯人民幣八角（人民幣一元等於新台幣八元）。又到六和塔瞭望錢江大橋。六和塔高十三層，原可登臨塔頂，至去年十月，因發現塔身傾斜，已禁止遊人進入。其他名勝古蹟，如南北高峰、保俶塔、九溪十八澗等，限於時間，未能一一觀賞爲憾。

因南京也有一位妹妹，乃作了二天南京之行。由杭州至南京，係乘火車，好不容易買到軟座火車票，票價人民幣十六元六角。軟座座位甚少，須三天前預定，且只限售共黨高幹，外賓與與台胞，一般老百姓無法問津，祇能坐木板椅的硬座，票價爲十元。軟座座位分兩種，一種爲房間式，有上下兩層床舖，可說等於卧舖，下層床舖可坐六人，上層可睡兩人；靠窗設有茶几。另一種軟座則爲絲絨沙發坐椅，與台灣火車座位相似。軟座車廂內供應茶水，硬座則否。火車站休息室及進出口，軟硬座亦係分離，軟座休息室之內有冷氣及沙發椅等設備，十分寬敞舒適。火車行車速度不高，時常中途停車，致杭州至南京費時要九個多小時，回程時更超過十小時，十分疲累。去南京火車上設有一節餐車，可以點菜，並出售啤酒等飲料。可是由南京回杭州火車上非但沒有餐車，也不供售便當，午飯須自行設法，有的旅客於車到無錫站時，在短短停站時間內，要匆忙下車趕買無錫排骨飯便當充饑。

南京爲六朝古都，龍蟠虎踞，名勝古蹟不少。秦淮煙柳，六朝金粉，向爲騷人墨客陶醉處所。此次爲我首次抵達石頭城，因此在短短兩天停留期間，乘便遊覽了嚮往已久的中山陵、明孝陵、孫權墓、無樑殿、靈谷寺、玄武門等名勝古蹟，也欣賞了玄武湖的幽美風光。中山陵位於南京東郊的鍾山，山勢巍峨，密林蔥蘢，氣象萬千，雖非假期，中外遊客仍甚多。自陵墓大門牌坊至墓室，有台階三百九十二級，長八百四十多公尺。祭堂大廳中有意大利白石雕刻的 國父孫中山先生坐像，爲波蘭著名雕刻家保羅阿林斯的傑作。祭堂上頭天花板繪有巨大的青天白日中國國民黨黨徽，祭堂外牆所嵌奠基石上則刻有「中華民國十五年三月十二日中國國民黨爲總理孫中山先生陵墓行奠基禮」等字樣，均未遭破壞。

中山陵附近的靈谷寺，始建於梁天監十四年，即公元五一五年，寺內供有唐玄裝大法師之頂骨。寺旁無樑殿，爲明朝遺存建築物，全用大磚砌成，沒有一根樑柱。中山陵園內還有一「美齡宮」，是先總統 蔣公夫人已往住過的別墅，內有寢室、會客室、宴客社交大廳等，傢具等布置均維持當時的情況，免費供人參觀遊覽。離南京那天，特起了一個早，於凌晨六時，乘車趕到長江邊，觀賞長江大橋。據說該橋費時八年，於一九六八年建造完成，全長約七公里，號稱長江上最雄偉的大橋，橋分上下兩層，上層有四線汽車車道，下層可行駛雙線火車，十分壯觀。在南京也因限於時間，沒有到莫愁湖、雨花台、總統府等處觀光憑弔，只好留待下次了。

我此次探親的最後一站，爲我出生地的老家，嵊縣鄉下一個不滿百戶的小村落，在群山之中，距縣城約十餘華里，目前已有公路通達。由杭州至嵊縣，係乘妹夫專車，約五小時抵達，寓剡溪賓館，翌晨一早，直駛離鄉四十多年的故鄉。唐詩人賀知章的「回鄉偶書」七言絕句：「少小離鄉老大回，鄉音無改鬢毛催，兒童相見不相識，笑問客從何處來。」爲我這次到達家鄉心情最好的寫照。說起來慚愧，家園情況，幾與我離家時差不多。其最使探親的人頭痛而不能忍受的，厥爲廁所，還是登坑式的，在炎夏熱天，異味撲鼻，使人不敢領教。燒飯廚灶，也一如往昔，還用木柴稻草等充作燃料。已往住過的家屋，離家時尙建造未久，今已破舊，無復舊觀。通往村外道路出口處，爲策村內安全，原建有柵門，至深夜即予關閉，柵門上建有小閣樓，有小窗可向外瞭望，孩提時常爬上閣樓玩耍，如今該項柵門及閣樓均已不見，無跡可尋。村四週本有濃密樹林及竹蓬幽篁，風景相當幽美，樹蔭下竹叢中，爲夏天乘涼好去處，今亦被砍除殆盡。至家與弟妹相見，恍如隔世，莫不淚濕衣襟，感慨萬端。村人聞訊，多來叙談話舊，戶限爲穿。聽到幼時玩伴故世者，爲之唏嘘嘆息不止。對弟妹親友及村人，見面時少不得酌送禮物，幼小晚輩來見者則送紅包，至少人民幣二十元。弟妹親友爭相邀宴，熱誠可感，但分身乏術，徒呼奈何。在弟妹簇擁之下，曾去祭掃祖墳及先父母叔父母之墓，稍盡人子之心，墳墓多無墓碑。在老家僅停留一天，翌日即回杭州，後仍搭航機經港返台。

在大陸半月，發現一般收入都較低微，公教人員月入大多在人民幣百元左右。我有一個堂弟，現擔任家鄉附近十四個村的郵件投遞工作，每天要跑五十多華里的路程，風雪雨天，都要投送，十分辛勞，据其告知，每月基本工資只有人民幣五十多元，加上補貼和獎金，共僅九十多元而已。又我有一位妹夫，雖然曾任公營事業機構總經理及省級廳長的高位，月入也不過二百多元，所以一般老百姓的生活多較清苦，物質享受自不能跟我們相比。在杭州及南京等大都市裡，有些住家，也有衛生設備及電視機與電冰箱等，但室內裝潢，傢俱品質，仍遠不如台灣，根本談不上舒適豪華。鄉村人民生活則更苦，尙多停留在四、五十年以前的情況，不像在台灣，即農村鄉間，一般家庭，都有現代化家電設備，如電視機、電冰箱、冷氣機、洗衣機等，十分普遍，而且大多裝有電話。可是大陸的住戶，能裝有電話者，有如鳳毛麟角，極爲少見。在杭州我妹妹家裡，看到一本杭州市電話簿，薄薄的一本，內所列者，百分之九十以上爲公私機關學校及事業團體的電話。關於行的方面，此次在杭州及南京所看到的，滿街都是自行車，自行車已成老百姓最普遍的交通工具。由於人民收入低，多無力購買摩托車，私家轎車，更不用想了，因此該兩種車輛，在街上並不多見。高級共幹所坐小汽車，多爲國產品，也有蘇俄製造的進口車，但歐美車輛，則不多見，在杭州多日，尙沒有看到一輛朋馳轎車。市區內公共汽車及電車，均擁擠不堪，在車上售票，車掌多爲女性，工作十分吃力與辛勞。車票每張僅人民幣五分，合新台幣四角。在杭州也有計程車與脚踏三輪車可租用，對台胞有時會刨黃瓜，即敲竹槓之意，所以最好能事先講好價錢，以免吃虧。在公車站及人衆多處附近有衛生隊員，對隨地吐痰者處以罰款，我的一位堂弟，即被一名老女性衛生隊逮到，被罰人民幣五角，所以赴大陸採親者，不可不注意。罰款事小，失顏面事大。

在大陸的一般物價，堪稱低廉。就吃的方面而論，雞蛋人民幣貳角貳分一斤，豬肉三元多一斤，白飯二角一碗，鹹豆漿每碗一角，油條一根三分。我在杭州曾吃過雲呑與芝麻湯圓，均須先購糧票，憑票取物，雲呑每碗二角五分，湯圓一碗竟裝十粒，只有大吃漢才能吃完，每碗僅五角而已。大陸各省釀造的名酒，眞是種類繁多，除浙江紹興酒、雲南茅台酒及山西汾酒等名酒，爲一般人所耳熟能詳者外，在南京筆者妹妹家裡，發現有：杭州臨平酒廠的中華禮酒（含有人參砂仁等中藥），河南中原飲料公司中國紅葡萄酒、通化葡萄酒廠的喜慶葡萄酒、山東暉城酒廠的魯酒、連雲港葡萄酒廠的山楂酒、江蘇中國糧食食品進出口公司的洋河佳釀等多種，價錢多不高，如紹興加飯酒每瓶只人民幣一元六角。大陸汽油也較台灣便宜，每公升人民幣一元三角，聞平價則僅九角。筆者此次在杭州及南京所看到的報紙有杭州日報、紹興日報、揚子晚報等數種，每份只一小張，即僅及台灣報紙半張那樣大，紙質粗劣，全部簡體字，每份零售價四分，每月訂價一元。

筆者愛好打羽球，有三十多年歷史，每週至少打三、四次，甚少間斷。此次在大陸半月，未摸過球拍，不覺手癢難熬，後幸承妹夫設法安排，總算打了一次羽球過過癮。是在杭州一新建體育館內，進門一樓為體操運動場，見年僅六、七歲的男女小孩，在教練督導訓練之下，勤練單雙槓，平衡木、木馬等，大陸體操已具國際水準，曾在洛杉機奧運中獲得數面金牌，此乃從孩童即予苦練的成果。二樓設有羽球場十二個，亦有中小學生在練習，他們接受教練的嚴格訓練，不斷地練習開球、刹球、吊球、救球等技巧，球場上落滿羽球，不下百數十個。大陸羽球水準獨步全球，國際羽球大賽的男女冠軍，多為他們的囊中物。筆者承一位教練的善意安排，由一位小學生及兩位中學生跟我搭配打一場雙打，他們的球技，即那位小學生，也比我強，實深汗顏。大陸在體育方面，十分重視，積極訓練各種選手，乒乓、羽球、籃排球、體操、跳水等各方面，在國際上都佔有一席地，有良好成績表現。近數年在游泳一項，也有長足的進步。筆者在南京時，曾看到由體育部製作的今年五月間在廣州舉辦亞洲游泳比賽節目，播出比賽的情況。在此次亞洲泳賽三十個比賽項目中，大陸選手竟得到二十四面金牌，而一向睥睨亞洲泳壇的日本，則僅獲六面而已，使日本教練大失面子。其中大陸有一位十五歲的女子選手，在五十公尺泳賽中，竟打破了世界紀錄，值得我們警惕。大陸人民在育樂方面，浙江有二家電視台，即中央電視台與浙江電視台，前者於上午十時即開播，後者到下午六時五十分始播出，多爲彩色節目，但民間電視機並不普遍。電影院票價不高，觀衆十分擁擠，電影院門前莫不停滿密密麻麻的自行車。在杭州時，也蒙妹夫之安排，去觀賞一場越劇，越劇之發祥地爲我家鄉嵊縣，所以也有稱嵊縣戲者。在台灣的越劇，雖經大鵬周彌彌女士等竭力提倡，惜並無績效。此次在杭州觀賞之越劇，係由浙江省象山縣越劇團演出，布景及行頭均極華麗，戲碼爲「梁秋雁」，是一齣男女三角戀愛的故事，演出主角年輕貌美，表演生動，可說唱做俱佳，賺得觀衆不少眼淚。

筆者在來台前，雖曾在杭州郵政管理局工作過，此次返回杭州，爲免增加精神上負擔，未敢讓老同事們知道，僅於離杭前夕秘密地去拜訪一位是筆者同榜考進郵局的蔣姓集郵家，因他於前年在今日郵政月刊上獲知筆者代表我郵政總局參加美國一九八六年芝加哥國際郵展，曾在該年十月份大陸出版的甲子郵刊上給我一封公開信，備致關懷問候之意，當時筆者因尚未退休，未便回信給他。這次在杭，乃乘便去專誠登府訪問，以資答謝。相見至歡，我贈他郵票冊，他也送我龍井茶葉一罐，他說他經多方設法，始獲得一本本局編印的紅印花郵票專輯上冊，十分珍視，他對本局在古典郵學上之研究闡揚，貢獻卓著，至表讚佩。其夫人陳女士則與儲匯局毛副局長及總局供應處陳處長等爲同年，惟早已退休，據告知大陸郵政人員之退休年齡限制，男性員工爲六十歲，女性則爲五十五歲。又筆者此次在杭，亦曾乘機去參觀西湖邊一所郵局的集郵部門及一、二個支局與郵政所，局屋多老舊，集郵櫥窗之布置及票品未見傑出。支局營業時間夏令爲上午七點半至下午五時半，冬令則爲上午八時至下午五時半。信筒每日於十一時及十五時收攬共二次。他們目前已恢復辦理郵政儲金業務，利息高於我們，半年期月息五、一厘，一年期六厘，三年期六、九厘，五年期七、八厘，八年期八、七厘。同時開辦有獎儲蓄券，每張面額人民幣二十元，每月開獎一次。頭獎可得一萬元。因人民生活多不富裕，無太多的餘錢儲存郵局，因此郵政儲金業務並不發達。

大陸近數年來對集郵方面之推展，不遺餘力，郵票及小全張之發行，似較我們爲多，郵票主題及圖案設計，可謂花樣翻新，頻出奇招。他們自行印製郵票，是用購自捷克的影寫版機器印製。各省多有集郵組織，全國性的是中國集郵聯合會，已於數年前加入國際集郵聯合會（F.I.P.）。大陸老百姓對我們發行的郵票，相當喜愛，爭相購藏，除反共等政治意義的郵票外，中共並不禁止持有。聞去夏曾在西安舉行過台灣郵票展覽，今年七月，又將在北京舉辦中國郵票發行一百一十年紀念郵展。我在杭也曾去參觀一處民間主辦的集郵交換處，進入須購門票人民幣三分。處內的郵商攤位上擺有一本本的郵票冊，內裝有前清的郵票、中共發行的郵票，也有外國及我們的郵票，惜珍罕票品並不多見。在北京的中國郵票總公司曾於一九八一年委託中國歷史上著名的磁州窯，精製一組「中國郵票藝術瓷盤」，以織錦鍛精裝的方形木盒內，裝有兩個手工刻花郵票藝術瓷盤，一個上刻大龍郵票，另一刻中共發行的雞票，是郵票圖案和陶瓷器藝術的獨特結合，當時共發行三千套，目前每套市價爲人民幣二九〇元，將來行情看俏。

最後要談一談禮品問題，赴大陸探親，多少總要帶一點禮品送給多年未見的親友，但究竟買一些什麼東西較好，於選擇上實非易事。筆者認爲以易於攜帶及實用者較佳。台灣出品的男女石英手錶及玻璃絲襪及褲襪，大陸同胞均深所喜愛。純金飾物如金戒子及金項鍊等，爲大陸親友最爲珍視的禮品，可視本身財力帶一些贈送，該項金飾在香港購買，不但價格較廉，且花色亦較新穎，又大陸官方規定台胞返鄉探親帶進免稅物品，有所謂三大件及五小件者，三大件乃指：電視機、電冰箱、收錄音機、照像機、洗衣機、摩托車、錄放影機等中任何三種。五小件則指：手錶、自行車、縫紉機、電風扇、普通電子琴、打字機、電烤箱等任何五件，同一品種可以重複一件。上述三大件及五小件，當然爲大陸親友所熱盼得到的，但價格較高，也只有視自己的經濟情況在香港購買，進入大陸時由受贈親友憑提貨單在上海，杭州等重要城市提貨。筆者此次在香港所購買的電視機是日立牌二十吋搖控，每台港幣三、〇五〇元，另加運費九十元。電冰箱爲國際牌一七〇立方升雙門無霜，每台港幣二、四〇〇元，另加運費一八〇元，可供參考。

原載郵人天地第221期

旅遊大陸見聞點滴

去春內子屆齡退休後，筆者曾陪同參加旅行團赴大陸旅遊觀光半個月，到過廣州、桂林、西安、北京、無錫、蘇州、上海、杭州等地，見聞良多，茲擇其較爲特殊的報導一、二於下，或可供旅遊大陸之參考，並作爲茶餘飯後談笑之資。

目前去大陸旅遊團，多會安排數次風味宴，讓台灣客嚐到大陸各地特別風味餐食，我們的旅行團安排的風味宴計有三次，一爲北京烤鴨宴，二爲杭州醋溜魚宴，三爲西安古都的水餃宴。北京烤鴨與杭州西湖醋溜魚，本人覺得，並不比台灣好到那裡去，實無足述者，唯有西安水餃宴，比較特殊，且有二十道之多。我們係在西安一家星苑賓館品嚐，但參加者要另付人民幣三十元。水餃製作相當精美，其外形及內餡作料均不相同，每隻水餃多小巧玲瓏，一口一隻，小碟的醮料亦鹹、甜、酸、辣各異，味殊不惡，令我們開了洋葷。二十道水餃都冠上美麗而動人的芳名，我特請侍者抄錄一份如下：

一、五子登科　　二、金銀蒸餃
三、金魚蒸餃　　四、四喜臨門
五、鮮蝦雙味　　六、海星蒸餃

七、遊鳳還巢　八、烏龍鳳翅

九、一路順風　十、隨心如意

十一、碧綠翡翠　十二、恭喜發財

十三、花邊來福　十四、一品鳳冠

十五、洞賓牡丹　十六、慈禧樂

十七、全家樂　十八、百花齊放

十九、飛輪蒸餃　二十、紅嘴綠纓

旅遊大陸的人，多可以發覺在大陸上有許多用語或名稱，爲我們在台灣所未聞或未慣用者，覺得很新鮮。究竟兩岸隔絕了幾半個世紀，是兩個制度絕然不同的世界。例如「導遊（Guide）」，他們叫「陪」，也就是陪同旅行團觀光客遊覽觀光，講解名勝古蹟的歷史源淵及地方民風習俗的人員。陪旅行團自進入大陸開始，跟團到各地旅遊，一直至旅遊結束，離開大陸最後一站時爲止，這種與旅行團陪同到底，負責全程照料的人員叫「全陪」。而僅負責當地一地觀光做嚮導的稱爲「地陪」。這種「全陪」「地陪」，多由年輕者擔任，女的率多容顏嬌美，曲線玲瓏，男的則英俊瀟灑，儀表不俗。他們莫不口齒清晰，態度謙和，講解當地名勝古蹟，風俗習慣，如數家珍，可增加觀光客不少歷史掌故與地方見聞，增進旅途樂趣。他們多手持小旗，在前引導，且有隨帶麥克風或喇叭型擴音器者，使隨行觀光客易於聽到，以免失散。

其他，如「友誼」兩字，在大陸市招上，常常可以看到，如「友誼商店」、「友誼咖啡室」、「友誼汽車服務公司」等，可見共產國家也是講友誼的。

至於「水平」兩字，也時可聽聞。大陸百姓，如讀書不多，總會說知識水平低，即指知識程度低或知識程度不高的意思。

在大陸遊覽名勝古蹟都要購門票才能入內，少則人民幣一角，多則有高一元至五元者。有時於入口處已買了門票，進入後爲欲參觀其中特殊景觀或古物珍玩及寺塔等，尚須另票，才能入內。例如在北京逛北海頤和園，進園時旅行團導遊已購付了團體門票，但如要觀賞九龍壁等聞名古蹟，尚須另購入場券。又如在蘇州的寒山寺，觀光客如欲上鐘樓撞那隻著名古今中外的大鐘，尚須排長隊另行購票，每張入場券爲人民幣三元，且每人只准許撞三下。

在大陸的名勝古蹟，唯一可免費參觀，毋庸購門票的，是南京中山陵，大約爲尊敬國父之故吧！但參觀中山陵，有一不合理的地方，即禁止攜帶任何東西入內，就是女士們的手提包，亦不例外，要留在遊覽車上或存放於寄存處。使人感到十分不方便，因手提包內總有錢財或珍貴首飾等，存放寄存處，總有點使人擔心。共方認爲手攜東西入中山陵對國父不敬。他們對國父孫中山先生尊稱爲「革命先驅者」。

在大陸各地觀光旅遊，最使國外觀光客傷腦筋而不能忍受的，厥爲洗手間，多無自動沖水衛生設備，其髒無比，異味撲鼻，使人搖頭嘆息，莫不以上廁所爲畏途。大解處所間亦無門，可直窺堂奧，一覽無遺，女士們使用時，眞有點難爲情，而且有盥洗設備者也不多，無法淨後洗手。在觀光處所上廁所多要付費，大多爲人民幣壹角，也有高達人民幣一元者，所以觀光客，最好要隨身攜帶些小額人民幣，以備不時之用，否則內急時將無法解決。

大陸物價一般比台灣便宜甚多，因之，由台灣赴大陸採親或旅遊的觀光客尤其是女性，莫不乘旅遊間隙，逛百貨公司或路邊攤販，大事採購，滿載而歸。但於購買時，應注意品質及是否假冒，特別於藥材方面，假的很多。其次於名勝觀光地區，零星小販向遊覽車窗內兜售的當地特產品或名產，價格雖然很便宜，但多是品質不佳者，如貪小便宜匆忙地購買，回到旅館仔細一看，不是贋品，便是到處瑕疵的劣品，根本無用處，也不能送人，只好自認倒霉。所以如要購物或買禮品，最好到大百貨公司或由地陪導引介紹的國營商店去買，準不會吃虧上當。

到大陸去採親旅遊，攜帶美金現鈔較好，因可以黑市兌換人民幣，而美金旅行支票之兌換，須簽字及憑證件，就無法黑市交易，黑市兌換率總比官價好得多。去春我們去大陸時，美金與人民幣的官價匯率是一比四·五九，而黑市往往可以兌換到五·五〇元人民幣，甚至五·八〇元、六·〇〇元人民幣。惟黑市交易，爲中共法所不許，要特別小心謹愼，如出紕漏，輕則罰款，重將坐牢，甚至遭驅逐出境。切忌在觀光名勝地區或人口衆多場合單獨調換人民幣，可能附近有安全人員監視，萬一捉到就糟了。有時美金黃牛會向遊覽車上觀光客以人民幣要求調換美金，也要當心受騙，此時最好能透過「地陪」之手，不要直接兌換。總之，以美金兌換人民幣，最穩妥的辦法，是委託「地陪」或自己的親友處理。

蘇州為我國三大古城之一（其他兩城為曲阜與紹興），聞設建於公元五一四年，已有一千五百多年歷史，有名勝古蹟甚多，較膾炙人口的有寒山寺、虎坵、玄妙觀、滄浪寺等。蘇州的拙政園則為中國三大花園之一，與北平頤和園及天津避暑山莊齊名。上述各處，文人雅士，為文報導者已多，本文不予多述，茲欲特別介紹者，則為號稱東方比薩斜塔的虎坵雲岩塔。該塔建於五代周顯德六年（公元九五九年），迄今已一千零三十二年。塔身高四十七・五公尺，計七層，八角為磚身木檐樓。據稱該塔甫自建造後即開始傾斜，雖經歷代多次維修，仍未能解決塔身傾斜的難題。至本世紀七十年代末，塔基下沉與塔身傾斜，不斷加劇，塔頂向北偏移，距塔中心達二・三公尺，塔基下沉至水平以下零點四八公尺，塔身曾出現裂縫。至一九八一年大陸曾採用現代技術與傳統手工結合的方法，經過圍樁鑽孔灌漿，殼體基礎和換磚等四項工程的實施，歷經五年，於一九八六年，通過驗收合格。一九九〇年二月，蘇州附近常熟、太倉等地發生五點一級地震，塔身與塔基幸能保持穩定，不再傾斜。

原載郵人天地第259期

長江三峽及黃山之遊（上）

大陸長江三峽，風光幽美險秀。黃山則多怪石奇松，山勢峻拔，景緻旖旎絕倫。上述兩處，名聞中外，均為筆者嚮往已久者。尤以前者，中共已規劃興建世界最大水壩，聞已於去年底動工，因此再過幾年，三峽景色，將大異往昔，並必將大為遜色，是以往遊更須及時。適我郵政退休人員協進會有組團往遊之議，同時北京郵電國際旅行社於五月間致函我協進會夏會長，歡迎我退休同仁到大陸旅遊觀光，願提供優質高效之服務。經夏會長多方聯繫協調，終於七月十五日組團成行，旅遊長江三峽及黃山兩處，為期十一天。台北到大陸往返機票及出入境手續委由開喜旅行社辦理，至大陸方面旅遊之一切安排，則全由郵電國際旅行社負責，並由明華旅行社王副總經理永望先生充任領隊，全團共十五人，除夏會長及筆者夫婦外，有王前總局長述調，謝焜煌、鄭葆福、李茂添、劉忠秉、孫雲芳諸兄，以及曹潛兄與王貽蓀兄兩對伉儷，曹兄並攜子同行。費用包括機票食宿觀光門票及一切小費在內；每人新台幣五萬三千餘元。

七月十五日晨七時，在桃園機場乘國泰班機經港轉乘中國航空公司航機直飛成都，於當日下午二時抵達成都雙流機場，北京郵電國際旅行社國際業務部海外處經理武培文先生已在機場迎接，作我們此旅之「全陪」，他並說該社郭總經理浩原擬親來接待，後以臨有要事，未克分身，而委其作代表。是日下午即遊覽「錦官城外柏森森」的武侯祠，祠內古柏參天，修竹處處，紅牆夾道，祠中塑像除諸葛武侯外，尚有劉關張及趙雲、黃忠、姜維、魏延等，館藏石碑則有三絕碑及岳飛所書出師表等。翌日上午去觀光我國二千多年前，戰國時期所興建的巨大水利工程都江堰，風景至為優美，惜因限於時間，未能欣賞該堰凌空索橋為憾。下午則遊逛唐朝大詩人杜工部流寓成都時的故居「杜甫草堂」，後又去參觀中藥研究所，由一位研究員憑觀察手掌為各人看病配藥，藥價並不便宜，均感高了點。下午六時飛往重慶，夜宿人民賓館。重慶市為我國抗戰時之陪都，目前人口已達一千五百萬，居世界第四位，僅次於紐約、墨西哥及孟買。次日上午遊覽重慶市區及張治中故居「桂園」，並驅車登上重慶市最高處鵝嶺公園，在山頂「瞰勝樓」瞭望長江與嘉陵江會合處，憑弔先總統　蔣公及蔣夫人之行館，下午則參觀重慶自然博物館，館內陳列有一具頗為完整的巨大恐龍化石，大家紛紛拍照留念。我們在重慶雖曾停留兩晚，仍因為時間所限，無暇到黃角椏昔時郵政總局辦公處所，追尋往跡為恨。

七月十八日一早，在長江嘉陵江會合處朝天門碼頭，登上「錦繡中華」號遊輪，作長江三峽四日三晚之遊。目前航行於長江三峽之大小遊輪多達八十餘艘，其中以「錦繡中華」號及「皇家公主」號最為豪華，尤以前者，甫於去年十二月下水啓航，航速最快，船計五層，可搭客一百六十餘人，是一艘富於民族特色的宮殿式豪華遊輪，房間寬敞舒適，五樓尚有舞池及卡拉OK等設備，費用亦昂，由重慶下行至漢口，四天每間房取費美金七百元，於旺季四至六月及八至十月，則為八百二十元。

由重慶至宜昌間的長江三峽，共長七百里，依次爲瞿塘峽、巫峽與西陵峽。三峽風光確屬秀麗峻險，兩岸懸崖絕壁連綿不斷，河道曲折，峽谷幽邃。三峽中以瞿塘峽爲最短，江面也最狹窄，僅長八公里，船行只費時八分鐘，但氣勢最爲雄偉險峻，沿峽有夔門，岩棺，風箱峽等古蹟。目前長江水位較高，峽中已看不到灧澦堆。巫峽長四十五公里，以巫山十二峰的神女峰最爲著名。最後爲西陵峽，長六十六公里，是三峽中航道最長者。

在船上四天，除盡情觀賞長江兩岸美好風光外，沿途並遊覽了若干景點。第一天下午，即上岸至鬼城酆都，作陰曹地府之遊，走過所謂黃泉路，跨越奈何橋，進入鬼門關，經孟婆店而不敢嚐迷魂湯，至閻羅十王殿，及十八層地獄，看到可怖的牛頭馬面，黑白無常，掌生死簿的判官，並有刀山油鍋，鐵磨鋼鍘，割舌、鋸腿、挖眼、剖心等模型，令人驚恐。地陪告知，將來三峽大水壩築成後，鬼城將沉沒水底。第二天船過巫峽後至巴東縣，下船乘車至神農溪上游，下車步經陡窄石級小路，下至溪邊，改乘柳葉小舟，在溪中泛舟約二小時，每舟可坐十八人，由船伕六人前後撐篙划行，數月前因該溪曾發生翻舟溺斃台灣觀光客的慘案，因此我們都穿上救生衣。神農溪長約二十公里，在峭岩絕壁間，兩旁景觀可說山奇雄，峰奇秀，灘奇險，水奇清，石奇美，有若干處，水流湍急，船伕尙須下水拉縴。在神農溪泛舟前，同行鄭葆福兄，於步行下石級時，因躲閃賣瓜小孩，不愼踩空跌交，傷及嘴部，假牙斷裂，血染衣襟，幸經錦繡中華號船醫悉心醫治，嘴部縫了七針，尙無大礙。第三日上午八時，至屈原故鄉秭歸，曾上岸去划龍舟，我們全團分坐兩船，舉行划龍舟競賽，在筆者夫婦而言，是生平第一遭，人到古稀殘年，竟有此機會，因而莫不興奮愉快萬分。是日午後二時，船抵西陵峽，曾觀賞船過葛洲垻閘室過程奇觀，其情況與二十年前，我在巴拿馬運河所見者相若。據船陪告知，三峽大水垻將築在葛洲垻上游約四十公里處，預計要費時十七年才能完成。下午三時船抵宜昌，又上岸參觀中華鱘魚館，鱘魚外觀美麗，全世界共有二十七種，產在大陸的計八種，最大的有長達四米，重五百公斤者，壽命可至五、六十歲。後又去參觀葛洲垻模型。

原載郵政退休人員協進會第68期「會訊」

長江三峽及黃山之遊（下）

七月二十一日爲在船上最後一天，航抵終點港武漢市，上午在烈日下曾上岸去參觀蒲圻三國赤壁古戰場，當日晚六時於參加船長歡送晚宴後離船，宿漢口市長海大酒店，結束船上四天三峽之遊。次日上午遊覽歸元禪寺及供奉老子的道教「長春觀」，觀內有高年道士爲遊客看病配方，我們由於有了在重慶中藥研究所的經驗，大家均裹足不前。最後到聞名的黃鶴樓觀光。該樓歷史悠久，於一千七百年前，首建於三國鼎立時的吳國，歷經唐、宋、元、明、清各朝，均經改建，可說屢毀屢建，現今之黃鶴樓係中共於一九八五年重建者，外型至爲壯麗美觀，樓計五層，有電梯可直上頂樓，眺望漢口市區及長江大橋，與美觀的白雲閣遙遙相對，是樓之所以著名古今，乃得力於崔顥的一首唐詩：「昔人已乘黃鶴去，此地空餘黃鶴樓；黃鶴一去不復返，白雲千載空悠悠！晴川歷歷漢陽樹，芳草萋萋鸚鵡洲；日暮鄉關何處是？煙波江上使人愁！」。漢口爲我國四大古鎭之一（另三鎭爲佛山、景德、居仙），夏季天氣炎熱異常，與重慶及南京是中國三大火爐之一，我們抵達那天，氣溫高達攝氏四十度，見街上男人多赤膊而行，各住戶門前莫不灑水，以降低溫度。下午四時許，離漢口飛黃山。同行述調兄因已去過黃山，乃脫隊由漢口逕回台北。當晚我們宿黃山市桃園賓館。

黃山在安徽屯溪附近，屯溪現已改稱爲黃山市，該山以峰巒疊翠，雲海變幻，奇松怪石，而著稱於世。黃山山景眞是萬分優美，氣象萬千，無怪明代徐霞客曾說：「五嶽歸來不看山，黃山歸來不看嶽。」一經其品評，更爲出名。我們於七月二十三日清晨七時，即至山麓乘攬車上山，該項攬車據稱爲亞洲第一，每車可乘客四十一人，約八分鐘抵達鵝嶺，下攬車步行約四十餘分鐘，到所寓的西海飯店。黃山山路多屬青石石級，路面雖尙不甚窄，但上下坡度較大，有陡至四十五度以上者，同行諸人，因年歲較大，深恐不勝體力，乃由地陪特僱所謂「爬山虎」，國營轎子乘坐，由兩人肩抬而行，全日取費人民幣八百元，另加小費二十元，夏會長、謝焜煌及鄭葆福諸兄，王貽蓀兄伉儷與筆者內子均乘坐是項爬山虎，觀賞山景。筆者由於經常打羽球之故，腳力尙健，上下山路猶能勝任。黃山山峰較著者有三十六峰，以蓮花峰爲最高，計海拔一千八百六十公尺，天都峰最爲險陡，我們因限於時間與體力，均未能前往觀賞。但地陪要我們作定點些欣賞了排雲寺、曙光亭、飛來石、光明頂、獅子峰、清涼台、書境等處，並觀看迎客松、黑虎松與夫妻松等著名奇松，分別拍照留念。黃山因山路陡險，地陪要大家牢記「走路不看景，看景不走路」，以策安全。黃山各景點峭壁懸崖處，多圍上鐵索，保護遊客，上山觀光的青年男女每在鐵索上鎖掛一把鎖，表示永結同心，白頭到老之意，因此各鐵索上掛鎖纍纍。是日晚宿西海飯店，山上氣溫較涼，要加穿夾克或毛衣，空氣則頗清新，四周環境寧靜安適。翌日清晨，仍乘攬車下山，曾至胡開文筆墨店觀看松煙墨之製作過程，中午由黃山機場直飛廣州，下午遊覽了黃花崗七十二烈士墓及中山紀念館等處，在白天鵝賓館住宿一宵後，於次日上午即乘機經港飛返台北，結束長江三峽及黃山十二天之旅，此行由於領隊及大陸全陪武經理之熱誠服務與週詳照料，又逢到晴朗未遇大雨的好天氣，各地所住旅館及長江遊輪均相當高級舒適，因此大家都深感滿意與愉快。

原載郵政退休人員協進會「會訊」第69期

揚州鎮江無錫三日遊

去歲十一月上旬，筆者於滬參加一項研討會後，曾應王公述調之邀約，結伴暢遊揚州、鎮江、無錫，爲期三天，深感愉快，迄今猶回味無窮。此行係承上海郵局崔副局長陪同之下，乘其奧迪座車前往，於十一月六日由上海出發，同車而行者，尚有與筆者在龍泉同榜考上乙員的吳越年長。爲趕及當日中午揚州郵電首長之邀宴，先一日相互約定，及早出發，清晨五時許，崔吳兩位即乘車至我們所寓的郵電大廈賓館接我倆啓程，時上海市區車輛行人不多，行車迅速，駛至長江邊江陰，人車均輪渡過江至北岸張家港繼續急駛，於晨光曦微中欣賞公路兩旁旖旎的田園風光，心曠神怡。十時半即抵達揚州市，在郵電招待所暫憩。江蘇郵電管理局副局長竟遠從南京專車前來接待，無任感謝，中午承揚州郵電局長在招待所宴請，嚐到聞名中外的揚州美食三頭：㈠蟹粉獅子頭，㈡雜燴豆腐鰱魚頭，㈢紅扒豬頭，果名不虛傳。

揚州又名江都，爲我國歷代名城，位於江淮樞紐，南北大運河流經該市，往昔至爲繁華，古來不少騷人墨客，詠讚揚州的詩詞甚多，較膾炙人口的如：「天下三分明月夜，二分明月在揚州」，「腰纏十萬貫，騎鶴上揚州」，「故人西辭黃鶴樓，煙花三月下揚州」，「春風十里揚州路，卷上珠簾總不如」等，實不勝枚舉。

揚州之風景名勝，最具盛名的，當推瘦西湖，比杭州的西湖多一「瘦」字，具有楚楚動人之意。有人把杭州西湖比作豐滿嫵媚的貴婦，雍容華貴，而揚州瘦西湖則視爲清秀婀娜的少女，纖柔羞怯。又有將西湖，視爲楊玉環，瘦西湖比作趙飛燕者。瘦西湖中景緻最美的是五亭橋，橫跨湖之南北兩岸，橋宛如五朵出水盛開的蓮花。數年前在台灣收視率甚高的連續劇「青青河邊草」片頭的景色，即取自瘦西湖，一艘畫舫穿越五亭橋緩緩向前駛來，畫面非常優美，令人印象深刻。湖邊有一座尖圓形的白塔，恍如春筍拔地而起，「白塔晴雲」爲瘦西湖勝景之一。沿湖邊所植垂楊，柳絲拂面，形成「長堤春柳」美景，步履湖邊道上，別有情趣。

當夜宿萃園飯店，店內亦有園林之勝，十分舒適。次晨七時半去「富春茶社」享受純正的揚州早點，該店至富盛名，聞共黨高層首要至揚州者，莫不去該店品嚐。早點中以千絲、翡翠燒賣、雙麻酥餅、各色蒸餃、小籠包、肴肉等，莫不精緻美味，確不同凡響。上午九時，去遊揚州名園「个園」及「大明寺」。前者之園林景色，有曲廊邃宇，疊石小山，通泉平池，嘉樹翳晴，修竹葛竿等，「个園」之「个」，乃「竹」字之半，其形與竹葉逼似，因以此爲園名。園中疊石，來自太湖，其石要具有「丑、漏、瘦、透」特色，「丑」則石形怪異，「漏」指石上多孔，「瘦」是尖聳瘦削，「透」爲山石之間要通透。其疊石假山立意精巧，並寓有春、夏、秋、冬四季景色。

至於大明寺爲佛教名剎，松柏參天，殿閣巍峨，除擁有一般寺廟的大雄寶殿外，尚有名列天下第五名泉，壁上刻有「天下第五泉」幾個大字，可供拍照留念。承告天下五泉者：金山冷泉第一，無錫惠山石泉第二，蘇州虎坵研水第三，丹陽寺井水第四，揚州大明寺名泉第五。

午飯後乘車至瓜州，搭渡輪回至長江南岸的鎮江，匆匆遊逛了金山寺，是寺之所以享譽古今，名揚中外，乃由於一個美艷動人家喻戶曉的白蛇傳故事，說白娘娘水漫金山，與法海和尙鬥法，以營救情侶許仙。金山寺始建於東晉，有一千五百多年歷史，建築堪稱雄偉，寺旁有一座慈壽塔，高三十三公尺，共計七層，挺拔典雅，該塔聞係爲慶祝慈禧太后六十壽辰而稱名者。塔附近尙有一法海洞，供奉法海和尙塑像。金山原有一文淙閣，曾典藏乾隆「四庫全書」一部，惜於咸豐三年（公元一八五三年）被毀於戰火。我們因時間所限，未能觀賞天下第一泉金山冷泉爲憾。

遊畢金山寺後開車直駛無錫，車行約五小時始行抵達，夜宿梁溪飯店。翌日上午八時，去太湖黿頭渚公園遊覽，太湖面積三萬六千頃，碧波浩瀚，當日晴空萬里，浮光躍金，景色動人。黿頭渚爲深入太湖中之一半島，狀若黿頭，俯臨巨澤，島上有修篁古木，奇石幽花，曲徑通幽，空氣清新，因非星期假日，遊人尙不甚多。湖邊山上有一巨石，上刻有「包孕吳越」四字，對同行吳越年長而言，特具意義。後又去附近兩所名園，蠡園及梅園，作蜻蜓點水般的探遊，蠡園內的亭台花木之布置，至富匠心，並仿照北京頤和園，倚湖築有數百公尺的長廊，廊下有六十四個壁洞，每洞旁均有石刻法帖碑，多爲名書法家的手筆，至於梅園之特點，則廣植有梅花千百株，梅花盛開時，疏影暗香，當別有景色。最後還到名列天下第二泉的惠山石泉一遊，惜亦以未能品嘗名泉風味爲憾。

是日午後三時許，驅車駛返上海，抵滬已萬家燈火，結束揚州、鎮江、無錫三天之旅，這三天有幸碰到晴朗的江南十月小陽春好天氣，溫和舒暢，又承各該地郵電首長之熱誠款待，眞欣快萬分。

原載郵政退休人員協進會「會訊」第66期

探訪先總統蔣公故里－奉化溪口

筆者於去年十一月間，曾赴大陸杭州探親，為時月餘，趁便去了一趟奉化溪口，探訪先總統蔣公的故鄉。由杭州在外甥陪同之下，搭乘滬杭甬鐵路火車軟座先至寧波，承外甥在該地之好友駕車前往奉化溪口鎮。寧波至溪口，相距僅三十五公里，按正常情形約半小時即可抵達，惟因該時是段公路正在拓寬改建，致顛簸至為厲害，費時一個多小時始到達溪口鎮。

溪口為蔣公及故總統經國先生的故里，四周有崇山峻嶺，奇峰幽谷，茂林修竹，清泉飛瀑，鎮中並有一條溪河，溪水清澈，風景堪稱幽美，市容亦還整潔，目前已被列為浙江省重點觀光名勝區之一。蔣公生前對故鄉至為照顧關懷，甚得人望，頗獲當地百姓之崇敬，至今仍多有感念者。大陸變色後，蔣公故居及蔣母墓道，不但均未遭破壞，絲毫無損，且維護保存良好，每年吸引了不少中外遊客前往觀光憑弔，增加溪口鎮甚多觀光收益，大大繁榮了地方經濟。

車駛抵溪口，進入鎮內時，先穿越一座古色古香的「武嶺門」，該城門跨建於武嶺山脊，是一座富有民族風格的仿古城樓，登樓鳥瞰，鎮上水光山色，盡收眼底。過武嶺門後不遠處，在一溪流旁，即到蔣公故居「豐鎬房」，其建築面積共為一、八五〇平方公尺，有房間四十九間，均為中國傳統式的建築，布局疏密得體，古雅幽靜，可供開放參觀的有蔣氏生活陳列室、故總統經國先生生母毛福海臥室、經堂、蔣夫人宋美齡臥室等，室內之陳設及傢俱等，均保留維持當時情狀，供人參觀憑弔，令人興無限追思與懷念，感觸良多。蔣公故居「豐鎬房」之所以作爲蔣氏家族之房號，實取自西周兩位帝王，周文王與周武王都城的城名「豐」與「鎬」，蔣公並爲長兒經國先生取名爲「建豐」，次子緯國先生爲「建鎬」。

蔣母墓道是蔣公生母王太夫人的墓地，位於離溪口鎭不遠處的山中，墓道全長六百七十公尺，入口處有一座青石建築的雄偉高大的牌坊，上書有「蔣母墓道」四字。墓道以鵝卵石子舖成，不能行駛車輛，兩旁樹木蔥鬱，幾不見天日，步行拾級而上，約半句鐘可抵王太夫人之墓地，上山處有小轎子可雇用，僅可坐一人，由兩人肩抬而上，取費人民幣七元。蔣母墓碑爲橫長方形，上刻「蔣母之墓」，是國父 孫文所題。墓建於民國十年，墓碑上方並有一石製橫匾，鐫刻有「壺範足式」四字，墓之四周，群山環抱，鍾靈毓秀，氣象萬千，墓附近尚有一座慈庵，陳列有國父孫中山先生所撰之祭文。

去溪口觀光，妙高台爲遊客必到之處，因該處爲蔣公幼年時常去遊玩的地方，蔣公後來每次榮歸故里，也多會去暫憩眺望。溪口附近的山水，屬於四明山脈及剡溪，水固然美，山則更美，四明山脈有二百八十座山峰，其中七十座在奉化，離溪口不遠的雪竇山，是奉化七十峰中最負盛名者，山上有一寺，名爲雪竇寺，由寺向上爬，到山之最高處，有一片小平原，東西二百七、八十公尺，南北五百多公尺，此即妙高台，又稱天柱峰，海拔七百餘公尺，台面臨懸崖峭壁，古松蓊郁，翠竹成林，氣候涼爽，是遊覽避暑勝地。

溪口除上述各處外，如有時間尚値一遊的有文昌閣及溪口博物館，前者爲藏書閣，後者則陳列展出新石器晚期至唐、宋朝時期出土的文物和船、鼓、花轎以及當地民間的工藝品等。再者尚有一張學良將軍居過的紀念室，陳列不少他的紀念文物與照片等，亦値一觀。又溪口有一台胞服務中心，可爲台灣觀光客提供服務，解決困難。至於當地的特產，據宣傳說明的有水蜜桃、千層餅及芋艿頭等。水蜜桃因時令關係無緣品嚐，千層餅並不好吃，而芋艿頭則粉質多，纖維少，淸香可口，一顆有重達三、四斤者，爲他處所僅見。

原載郵人天地第304期

南海普陀之遊

浙江省南海普陀，為我國四大佛教聖地之一，供奉的主神，是歷來為衆多百姓所崇敬喜愛的觀世音菩薩。其他三處佛教聖地，分別為四川省峨嵋山，山西省五台山，安徽省九華山，供奉的菩薩亦各有不同，峨嵋山為普賢，五台山為文殊，九華山則為地藏王。

說到地理位置，四川峨嵋、山西五台、安徽九華等三處，均在內陸山地，唯有南海普陀，孤懸海外，位於浙江省定海外的舟山群島中，該群島有大小島嶼數百個，像一朵朵海上蓮花，浮現在青天碧海之中，海濤洶湧，變幻莫測，景色壯麗，因而有「海天佛國」「蓬萊仙境」之稱，為我國著名佛教觀光聖地。

筆者退休後性喜旅遊，對南海普陀，久所嚮往，今年（民國八十六年）四月九日為我母校浙江省立紹興中學創校百年校慶，筆者曾隨紹中旅台校友所組慶賀團赴紹慶賀，校慶後至杭州探親舍妹，承妹長子陪同之下，就近去南海普陀作了三日之遊，償我宿願，快慰萬分。

四月十一日午後二時許，乘甥兒友轎車，由杭州直駛寧波，杭寧之間，已開闢寬闊而平坦的高速公路，車行平穩而迅速，於下午五時前抵達，夜宿開張未久的四星級寧波國際大酒店。翌晨一早，即駛赴白峰，人車過渡大型交通船至沈家門，該項交通船可搭客數百人，到沈家門後，轉乘二十餘人的馬達小船，於午後二時許即到達普陀山。上岸碼頭名曰「短姑碼頭」，碼頭上有一座雄偉巨大的牌坊，上刻「慈航普陀」四個金字，金碧輝煌。入山須購門票要人民幣二十元，進山後至其他觀光景點，還得另購入場券。上山道路堪稱平坦，後至一巍峨的城樓，上書「普陀聖境」，遊客多在樓前廣場上攝影留念。當日下午於抵「寶陀飯店」安頓後，即往遊普陀山三大寺之一的普濟寺。

普陀山可分爲前山與後山，船到短姑碼頭上岸爲前山。普陀山山中供奉觀世音菩薩的寺廟，共有大寺三、小寺七十二，茅蓬一百三十六。三所大寺爲普濟寺，法雨寺及慧濟禪寺。普濟寺在前山，又稱前寺，其餘兩寺則在後山。

普濟寺在靈鷲峰下，爲三寺中規模最大者，殿宇莊嚴雄偉，始建於北宋元春三年（公元一〇八〇年），寺中神蹟甚多，聞有兩部藏經，爲鎭山之寶。另有一具重達七千斤的大鐘，傳說是聖鐘。寺中大殿可容僧侶千人以上朝拜，該寺僧衆之多，房舍之大，風光之勝，爲全山之冠。寺前有一放生池，稱爲「蓮花池」，池上有月洞橋，「蓮池夜月」爲普陀山十二勝景之一。

翌日上午，往遊後山的兩所大寺，即法雨寺與慧濟禪寺，另有紫竹林。法雨寺又稱后寺，在白華山頂光熙峰下，創建於明朝萬曆八年（公元一五八〇年），清康熙帝御賜「天花法雨」匾額而得名。該寺依山建築，拾石級數百步方達山門，大雄寶殿所供奉的觀音佛像，以白玉雕刻而成，高約五尺，佛身飾以金花，晶瑩燦爛，慈祥莊嚴，膜拜者甚衆，香火鼎盛。

至於慧濟禪寺，位於佛頂山上，掩映在叢林之中，始建於淸乾隆五十八年（公元一七九三年），與上述普濟、法雨兩寺齊名，並稱「普陀三大寺」，碧海環繞，景色相當綺麗。遊客到此，如臨仙境。

說到紫竹林，實爲特殊景觀，好不容易在後山一所寺院附近處所發現，有一片高及身長的小竹叢，經標明爲「紫竹林」，按一般篁竿與葉均爲青色，惟該處竹卻呈紫色，實爲他處所罕見。

普陀山其他値得觀光的景點尙多，如望海亭、磐陀石、多寶塔、觀音洞、九龍壁、觀日出亭等處，因限於時間，未能盡遊。總之，南每普陀，四面環海，群島羅列，碧海藍天，景色絢麗，殊値一遊。而該地餐館，海鮮種類繁多，見所未見，新鮮而美味，價亦廉宜，可大快朵頤，對喜食海味的饕客而言，以及佛敎信徒，尤宜列入觀光旅遊範圍內，不要錯過。當日下午，乘船離普陀山，經沈家門，至定海上岸後，轉乘原轎車經寧波而直回杭州，於晚上九時抵達，結束爲時三天南海普陀佛國之遊，十分愉快。

原載郵政退休人員協進會「會訊」第78期

岷埠之行

菲華郵學會是最熱愛祖國的集郵團體，我國每次舉辦頗具規模的郵展，如四海同心郵展、百年郵展、建國七十年郵展，他們都曾組團回國，熱誠參展。菲華郵學會諸位先生，擁有我國古典珍郵最多，郵展中一有他們的展品，其可看性即大大地提高。菲郵會歷屆理事長均雄於貲財，如楊秀聰、許奕經、洪榮聰、黃天湧、莊順成、蘇惟通等諸位先生及現任理事長陳國珍先生等，均爲殷實工商企業家。其中尤以黃天湧與莊順成兩位，富可敵國，惜天不假年，英年早逝，實爲郵壇上重大損失。而許奕經與蘇惟通兩位，亦先後病故，令人懷念。至於傅子綿先生爲擔任副理事長任期最久者，與本局關係也最密切，他的郵識至爲豐富，其海關郵戳郵集，於郵壇十分聞名。他歷任我國百年郵展及建國七十年郵展，兩次最大規模國際郵展的評審委員，他年雖已逾七十，但身體健朗，望之如五十許人，爲人平和可親。筆者因曾擔任本局集郵工作幾達九年之久，與菲華郵學會諸位先生，頻相接觸，不時領教，受益良多。

筆者久有訪菲之念，苦無機會，去年六月，與本局聯郵處方處長有恆兄於參加羅馬國際快捷郵件研討會之便，原計劃於返國時順道訪問新加坡與菲律賓，豈知於六月九日在新加坡國際機場欲搭新航班機赴馬尼拉時，因事先未辦菲律賓之簽證，新航堅不讓我們上飛機，我們祇好中途折返臺北。離國前原曾請旅行社為我們辦理簽證，因當時菲國規定，觀光三天以內，可以免辦簽證，因此旅行社偷懶未去辦理，誰知此項規定，菲國於六月六日起臨時公布取銷，致使我們不得其門而入，我也失去一次赴菲機會。內心不懌者久之。

今年五月，我有幸奉派赴美國芝加哥，代表本局參加美國集郵界十年一度而舉辦的大規模國際郵展AMERIPEX '86，郵展後又代表郵政儲金匯業局，飛赴美西南部佛羅利達州奧蘭多，參加國際保險會議，會議於六月十九日結束後，我於次日晨乘美國航空公司飛機飛舊金山，轉搭當日下午一時半起飛的美國聯合航空公司班機經東京、漢城，於二十一日深夜十一時半抵達馬尼拉國際機場，承陳國珍及傅子綿兩兄在機場迎接，並蒙我國太平洋經濟文化中心駐馬尼拉辦事處秘書組許組長長亨先生進入海關接我，因此我的行李未打開檢查即順利過關，實深感激。次日為星期日，上午九時，菲律賓郵政總局派專車一輛，由企劃處處長Irineo V. Intia Jr.及其科長Atty Frolan C. Tejada Jr.奉其局長之命至旅館接我，到馬尼拉附近風景區大雅臺（TAAL）觀光，國珍及子綿兩兄亦同車前往。該處瀕太平洋，風景綺麗，遠處海中有一火山，聞若干年前曾爆發噴過火。該處有一座高級餐館，中午菲郵政總局局長Angelito T. Banayo作東請客，他於十一時半到達，為一年僅三十四歲的青年人，富於活力朝氣，甫於本年二月間，菲新總統艾奎諾夫人當選上任後為新政府所派任者，聞是副總統的得力助手。午餐時間，餐館內有歌舞表演，其中有菲律賓著名的竹竿舞、土人蹈火炭、呑火及歌唱等節目。

席間菲郵政總局局長曾向我表示，久聞我國郵政辦理良好，蜚聲國際，欲來我國訪問參觀，筆者即代表局方表示歡迎之意。後來於我離開馬尼拉那天早晨，即六月二十五日，我駐馬尼拉太平洋經濟文化中心主任劉宗翰博士於馬拉尼旅館內請我吃早餐，他也請了菲郵政總局局長及企劃處處長等人，劉博士曾向我提及，為促進中菲友誼，我外交當局已有計劃邀請菲國新任郵政總局局長訪問我國，往返機票及食宿招待均由我國負擔，參觀郵政節目則由本局安排。我即建議最好於十一月上旬來臺，因十月卅一日至十一月九日，本局將於郵政博物館舉辦先總統　蔣公百年誕辰紀念郵展，可藉便讓其參觀，劉博士及菲總局局長均認為合適。

六月二十三日，筆者在國珍及子綿兩兄陪同之下，去菲郵政總局拜訪，其總局局長因須赴某地演講，早已排定，不便變更，故囑其企劃處處長負責接待我，他特為我作幻燈簡報，使我了解其郵政一般概況。其郵政總局局屋，為一座四層樓建築物，已相當古舊，地面層設有營業窗口及郵件處理部門，二至四層則為行政部門辦公室。其營業窗口亦非開放式者，鐵柵深閉，留一小孔供公衆使用郵政業務之用。郵件部門有一套日本東芝公司所製自動分揀機，與我北區郵政管理局所用者完全相同，惟型式較小，分揀口子亦較少，其使用也已經在十年以上，可以報廢淘汰了。郵政總局之組織，較我郵為簡單，計設總局長及副局長各一人，下分四處：一、行政處——㈠人事科，㈡總務科，㈢郵政對外關係科，㈣Pemede's科。二、郵政企劃處——㈠設計科，㈡郵件運輸規劃科，㈢郵政業務研究科。三、財務管理處——㈠預算科，㈡帳務科，㈢管理科。四、業務處——㈠郵件科，㈡郵票及集郵科，

㈢匯兌科，㈣機動車輛科。全國共分十三個郵區，二〇二一所郵局，員工總人數為一九、三九九人，其中郵局長二、〇八八人，視察人員二〇四人，郵件處理人員二、五一八人，司機三七六人，郵務士八、九一七人，雜差一、六八一人，其他二、六一五人。至於郵件數量方面，一九八五年共收寄郵件五五一、一九四、六五九件，較上年增加百分之三，其中國內郵件為四七七、九九三、三六四件，國際郵件為七三、二〇一、二九五件（其中航空六九、三六五、三七二件，水陸路三、八三五、九二三件）菲律賓人口約四千二百萬人，其國民通信率每人每年僅約十二件，遠較我國為少。

關於集郵方面，一九八五年一年，共發行郵票二十二套，四十五枚及小全張一枚，每套發行數量多為五十萬套，小全張之發行數量為一萬五千枚。售票收入共一三〇、九〇七、三五二披索，佔其全部總收入四七九、五二二、七二〇披索百分之二十七·三〇，較上年度增加百分之十二。其二十二套郵票之名稱如下：㈠菲律賓維京尼亞煙草事業二十五週年紀念郵票，㈡太平洋科學協會第五次大會紀念郵票，㈢傳播利用植物來作藥物治療郵票，㈣Dr. Deogracias Villadolid紀念郵票，㈤Inlesat二十週年紀念郵票，㈥稅法研究二十五週年紀念郵票，㈦菲律賓馬專題郵票，附帶發行小全張一枚，㈧前參議員Santiago Fonacier百年誕辰紀念郵票，㈨菲律賓與西班牙第一次簽訂和平條約四百二十年紀念郵票，㈩國際稻米研究所成立二十五週年紀念郵票，㈩㈠植樹週紀念郵票，㈩㈡Bessang Pass Campaign四十週年紀念郵票，㈩㈢Don Vicente Orrestes百年誕辰紀念郵票，㈩㈣菲律賓結核病協會創立七十五週年紀念郵票，㈩㈤Virgin Mary二千年紀念郵票，㈩㈥國際青年年紀念郵票，㈩㈦世界觀光組織第六次會議紀念郵票，㈥鼓勵出口年紀念郵票，㈨聯合國創立四十週年紀念郵票，㈩飛剪郵刊發行五十週年紀念郵票，㈪國家聖經週紀念郵票，㈫聖誕郵件郵票。其中紀念郵票達十九套之多。

匯兌業務之匯費收入於一九八五年爲一二、三八四、四八七披索，僅佔總收入百分二·五八，較上年增加百分之十。又菲郵並不辦理儲金業務。

菲郵於一九八五年之總收入爲四七九、五二二、七二〇披索，較上年增加百分之十四，總支出爲四二三、六三八、七〇九披索，較上年增加百分之十四，盈餘爲五五、八八四、〇一一披索。收入部分以國際航空郵件郵費收入二六二、五五七、〇八一披索佔全部總收入百分之五四·七五爲最多，其次爲出售郵票收入一三〇、九〇七、三五二披索佔百分之二七·三〇。至於支出方面則以人員薪津之支出二一一、一四六、六〇二披索佔全部支出百分之五十爲最多。據告一九八四年以前，菲郵經常發生虧損，去年之所以有盈餘者，實因郵件數量之增加以及郵資之調整所致。

菲律賓爲太平洋中一個島國，共由七一〇七海島組成，其中以呂宋島爲最大。菲國總面積比英國爲大，人口四千二百多萬人，大部分爲馬來亞人之後裔，皮膚棕黑，聞爲棕種人，生性懶散。曾經爲西班牙人統治四百年之久，一八九六年，菲律賓人爲求獨立，曾發生革命反抗西班牙人，一八九八年又有菲律賓與美國之戰爭，次年五月一日，美國與西班牙之艦隊曾在馬尼拉灣發生遭遇戰，西班牙戰敗，菲律賓爲美國所統治者達半世紀。至二次世界大戰後，於一九四六年獲得獨立，現爲東南亞國協之一（Association of Southeast Asian Nation's 簡稱ASEAN）。菲國地處亞熱帶，有五百多種鳥類，七百多種蝴蝶，二千多種魚類，出口有米、糖、椰子、煙草、木材、銅、水泥及水產等。馬尼拉為菲國首都，交通秩序混亂，有一種用美軍遺留下來吉普車改裝成的小型公共汽車，可坐六至十二人，飛駛街頭，可說滿街都是。在市郊公路上，還可以看到很多以摩托車製成的三輪車，加裝鋁質雨蓋，作為營業載客的運輸工具。菲國有不少華僑，因比菲人勤奮，故較富裕，菲國工商企業多由我華僑經營，於經濟方面頗具影響力。馬尼拉市區內有一「華僑義山」，為外人觀光地區之一，特由國珍、子綿兩兄帶我前去觀光，結果發現是有錢華僑所築的墳墓，馬路平坦廣闊，墳墓宛如豪華別墅，房屋高敞，玻琍鋁門窗，整潔光亮，且有空調設備，亦有亭臺樓閣，花木魚池之設施者，可說美奐美侖，與附近菲人所住低矮髒亂房屋相比，何啻天壤，易引起菲人之妒嫉，認為活人所住，反不如死人墳墓。

是晚承菲華郵學會諸位先生在一頗具水準之裕華海鮮餐館賜宴，列席者計名譽理事長洪榮聰先生，首任理事長楊秀聰先生，現任理事長陳國珍先生、副理事長傅子綿先生伉儷及伍時凱、陳永利、戴招榮、林羅密、楊世深等諸位先生，盛情至感，我分贈本局此次為美國芝加哥郵展所特製之首日封及紀念賀卡各一板，以稍資酬謝。席間承告知，對我國古典郵票，尤其是紅印花郵票有精深研究，聞名郵壇的郵學家黃光城先生原亦欲前來參加，後因患病未能到臨，曾由其子來電話致意，筆者亦原擬造府拜謁光城先生，後以道遠且限於時間未果，筆者返回臺北後，特馳書問候並表示歉忱，同時亦接黃先生親筆來函，說明未能參加歡讌之原委。黃先生為本局古典郵票編輯委員會委員之一，筆者則忝任該會召集人，時承其熱誠賜助教正，受益良多。六月二十四日，為馬尼拉市日，全市放假一天，藉機荷蒙國珍、子綿兩兄之陪同，乘國珍兄豪華朋馳轎車到著名觀光區碧瑤遊覽，並住宿一宵，碧瑤係在高山上，海拔五千多呎，由馬尼拉乘車前往，需時四個多小時，沿途景緻不錯，山上空氣清新，我們住在一高爾夫俱樂部，設備高雅而舒適，球場綠草如茵，樹木扶疏，風景幽麗，我們之所以能住此俱樂部，實叨國珍兄公子之光，因其爲該俱樂部之會員。六月二十五日下午一時半乘中華班機離馬尼拉返回臺北，臨別並承國珍、子綿兩兄及太平洋經濟文化中心許組長長亨先生親送至機場，衷心十分感激，而筆者亦結束爲時四天馬尼拉之行，在我人生歷程上留下美好的一頁。又在馬尼拉時，據國珍兄告知，去年六月上旬，北京中國郵票公司在岷埠舉辦郵展，由該公司負責人吳鳳崗主持，展出框數不到一百框，參觀者不多。當其獲知筆者與方處長赴馬尼拉的消息時，他即向國珍兄表示欲歡迎我們，並欲送我們禮品，後我們因未辦簽證臨時取消菲國之行，他還想將禮品托由國珍兄轉交。再者，筆者此次訪問馬尼拉，到達之次日，即六月二十二日，當地中文報紙世界日報曾專爲我刊出一篇報導，標題爲「臺灣郵政總局副局長，胡全木臨菲訪問」並刊有與陳國珍、傅子綿合攝之照片，深感榮寵，茲將其內容錄述於下，作爲本文之結尾：「臺灣郵政總局副局長胡全木先生於昨（廿一日）由美返臺經菲訪問四天，昨到機場接機有菲華郵學會理事長陳國珍及副理事長傅子綿等人。胡副局長這次往美國參加AMERIPEX’86郵展後，順途經菲會晤本國華菲集郵人士。其在菲活動有禮訪菲郵政總局局長，太平洋文化中心劉宗翰博士，赴碧瑤及大雅臺遊覽。下星期二晚上將接受本埠集郵界之歡讌。胡全木副總局長服務於郵政幾十年，歷任郵局要職，胡副局長前曾擔任集郵處處長七、八年，爲歷任該處最資深者，現除榮為總局副局長外，並兼郵政儲金匯業局局長。」

原載郵人天地第198期

扶桑島國之行觀感（上）

筆者曾因公務至日本，先後四次，每次停留時間不長。最近一次，是本年三月二十日至四月十二日，筆者奉派追隨儲匯局王副局長龢生，與總局曹檢核志元，繪圖員戴德兄等到東京及大阪，辦理中華民國郵票在日本展出事宜，耽擱了二十多天。在日期間曾乘機刻意觀察，深深體會到，日本這個扶桑島國，雖然經過第二次世界大戰之慘重失敗，無條件向盟國投降，差一點亡國，也差一點連天皇制度也不保，賴我先總統　蔣公，以偉大政治家的胸襟及我國儒家恕道精神「以德報怨」，遣返日俘百餘萬人，放棄天文數字的賠償，日人感戴莫銘，對我先總統　蔣公至今仍懷念不已。二次大戰結束三十多年以來，日本人十分幸運，沒有遭受兵災戰亂，不像北方朝鮮半島及南方中南半島各國，如韓國、越南、高棉、寮國等，一再受到內亂的荼毒，兵連禍結，戰火連年，幾無寧日，民不聊生。而日本則反是，全國致力於經濟建設，三十餘年來未曾一日中輟，其間還曾受韓戰及越戰之賜，使其經濟更為繁榮進步，復興迅速，社會安定，民間殷富，已成為世界上經濟大國，在國際經濟及貿易上舉足輕重，成為要角，日圓為國際間強勢貨幣之一。

就日本人日常生活衣食住行而言，我們在街上所看到的，無論男女老少，莫不衣冠楚楚，穿著講究，質料上乘。各大百貨公司及商店內，充滿著各式各樣的成衣，大玻璃橱窗內模特兒所穿的，更多最新穎的服飾。飲食方面，餐館林立，到處均可見到中華料理店。其實此種中華料理，並非眞正中國烹飪，不過日本人喜歡中國菜，以之作爲招牌，俾廣招徠而已。他們有蛋炒飯、湯麵、炒麵等，甚至有的餐館，也有餃子、燒賣。每客餃子六隻，燒賣五個，取費約日幣三四百元。蛋炒飯四百元一碗，另奉送清湯一小碗。可惜甚少看到燒餅、油條、豆漿、餛飩和湯圓，所以我們曾戲謂如合夥在日本開一家豆漿店或湯圓、餛飩等小吃店，加以適當宣傳，一定可以賺錢。日本的餐館，臨街橱窗內，均將所賣的菜肴飯食麵點等陳列出來，標以價錢，以供顧客選擇。因此顧客可以量力而食，不會被敲竹槓。

我們此次在日，也曾品嘗過日本菜，我個人覺得其色香味當然不及中國菜，但我對生魚片卻情有所鍾，十分喜歡。在此我要特別提到一位日本集郵界的友人，他就是島田達雄博士，曾承他招待我們兩次，一次於三月二十五日，即中華民國郵展在東京展出的首日，他應邀專程由橫濱前來參加開幕酒會，當晚六時即請我們在郵展會場附近，澀谷區一幢新建三十二層大樓頂樓吃法國大菜。另一次於三月二十九日，在東京最繁華鬧區銀座品嘗日本料理，飲日本酒。與他同行做小兒科醫生的太太也來了，盛情可感。島田博士曾應本局邀請擔任百年郵展評審委員，及日本地區徵集委員，他一再向我們表示，百年郵展期間，他接受本局很多次的熱誠招待，在臺北市各著名餐館吃飯，至今仍念念不忘。他又說此次請我們在日本品嘗日本料理及法國菜，不過略盡地主之誼而已，有一點回報的意思。另外一次吃日本菜，是全日本郵政勞働組合中央副執行委員長森田一男，執行委員蜂須兼次，書記長牧野喜藏及財政局長堀內雄夫等四人，宴請我們。地點在東京芝公園地區一家純日本式花園平房內，名叫「音羽」的餐館。室內有榻榻米、紙門，進去須脫鞋，席地而坐，有三位穿和服的中年婦女執壺陪酒，並唱日本歌。席間龢生副局長曾唱中國歌高山青，戴德兄唱日本歌謠助興，大家拍手應和，氣氛至爲融洽，十分盡興。森田副委員長等曾於二月間應臺灣郵務工會池理事長之邀請來臺灣訪問，本局簡局長曾假座統一大飯店以西餐招待他們。日本酒種類繁多，較聞名的有松竹梅、白鶴、正宗菊清酒等，味不太烈，筆者與龢生兄都尙喜歡。他們將酒燙成溫熱，盛放在小瓷器酒瓶內，注入酒杯。日本酒杯小巧可愛，即使乾杯，也不傷脾胃。日本式早餐，日人稱爲「朝食」，我們曾吃過一次，第二次即不敢再領教。這次吃日本早餐，是在東京五反田，我們住的東興ホテル裡，每客日幣六百元，不算貴。記得六十七年初我第二次到日本時，銀座第一ホテル即要一千二百元日幣一客。我們首先在自動販賣機購得餐券，然後入座，女侍用紅漆木盤盛來的「朝食」，包括一碗乾飯，一大片魚，一小碟鹹瓜，一個生蛋，一盅味噌湯，魚倒很可口，味噌湯熱騰騰的對我十分合胃口，是日本人最普遍最喜愛的湯。一隻生蛋，我們不知如何吃法，結果打破放入湯內，後來看到隔座日本人，是將蛋用醬油和著拌入飯內吃的。

在大阪我們也曾嘗過一次日本料理，那是在四月九日，本局郵展在大阪展出最後一天晚上，承大阪僑領之一，大阪中華總會常務監事謝坤蘭先生，在其自己所開梅田日本料理店請我們吃生魚片、火鍋等，也有和服女侍在旁倒酒。店內設備不錯，坐席雖亦爲榻榻米，但桌面下之地板凹進去，可以安放雙腳，不須盤膝而坐，對我們中國人而言，倒是十分舒服。那餐的生魚片很鮮嫩可口，火鍋亦特別，其盛湯之鍋，並非用銅或鋁等金屬製成，而係一種特製之紙，下燒液化煤氣烈火，紙不會燒焦，我們尚第一次遇到此種新鮮事。據謝先生解釋，用紙質火鍋燒湯，不像金屬質鍋之傳熱快，紙鍋內之水，慢慢沸騰，溫度高，以之煮海鮮、豆腐等食物，特別鮮嫩味美云。

至於日本人住的方面，大都市多高樓大廈，東京最高建築物，有達六十餘層者，雖不及美國紐約一百多層的摩天大廈，但較臺北市第一高廈希爾頓旅館，已高出三倍。東京有一New Otani旅館，計十七層，頂樓爲一圓形餐館，會慢慢轉動，可欣賞東京四周的市容。有一天晚上，承亞東關係協會東京辦事處文化組楊組長請我們在該樓飲咖啡，東京夜景，閃耀的燈光，盡收眼底，美不勝收。

我們由東京乘新幹線火車至大阪，沿途所見的，日本鄉間房屋仍多日本式木造的，每家面積不大，以二層的居多數，閣樓小小的。室內紙門榻榻米，仍爲日本人所喜愛。日本房價甚貴，尤其在東京等大都市，可說「寸土寸金」，據告十幾坪二間房的房子，要日幣一千七百多萬元。

說到行的方面，我們到東京第一個感覺，是交通秩序良好，行人車輛都嚴守交通規則。斑馬線確有其權威，以行人爲優先，汽車必等讓行人過後才開，不像臺北市汽車之横衝直撞，行人走在斑馬線，還須小心翼翼，要左右注意有無車輛衝來。還有行人穿越馬路，要等候綠燈，即使左右無車輛駛來，亦不闖紅燈。此種守交通規則精神，值得國人效法。在日本還有一個印象，即街上往來的汽車，都很新很好，見不到老牛破車。計程車都是二千以上的轎車，也十分新，司機姓名牌及照片安裝在駕駛座前明顯之處，後座乘客可以一目了然，司機服務態度一般尚稱良好。計程車收費較臺北市為高，起算費為三八〇日圓，合新臺幣約六十元。路碼錶每起跳一次為七十日圓，合新臺幣十餘元，遇紅燈或交通阻塞車停時，路碼錶照跳無誤。清晨七時以前及深夜十一時以後雇計程車，要加費百分之二十。在日本乘計程車，亦無須付小費。小費制度在日本並不盛行，在餐館旅館，均不要小費，不像美國，動輒要至少百分之十的小費。在日本交通秩序良好，另一重大原因，我想是沒有二輪機車，這種妨害交通日本製的機車，在東京幾乎看不到，大約全部傾銷到臺灣來了。

日本的地下鐵，班次繁密，三數分鐘即有一班，無須久候，取費低廉，對市區交通有極大的貢獻，是無庸否認的。凡到過日本的人，對地下鐵，應該都有深刻的印象。東京地下鐵四通八達，深達數層。車票視路線及里程遠近，自日幣一〇〇圓起至一八〇圓不等。售票都是自動販賣機，投入輔幣即會跳出來一張車票。售票處牆上都有路線圖，註明站名及票價。購票入車站，須經剪票，剪票及出車站收票均由穿制服的地下鐵人員辦理。在東京乘地下鐵，心中常常納悶，心想日本處處自動化，到處是自重販賣機，例如車站售票，旅社中出售香煙、報紙、及汽水、啤酒、咖啡、果汁等飲料。甚至生力麵、牙膏、牙刷、梳子，還有千圓日幣調換十個百圓輔幣等等，均用自動機器，節省人力甚多。因何車站剪票及收票等簡單動作，不能用機器，心中存有問題，久久不能自釋。結果，到了大阪，發現大阪市地下鐵，反較東京市為進步，其入口剪票及出口收票均已改用機器，不用人工管理。乘客將車票投入一口洞內，通過處兩扇小門會自動開啓，至另一端小洞內跳出經剪過的車票，取票後通過，自動門即關閉。出口處之機器，車票投入口洞內後，同樣兩扇小門自動開啓讓旅客通過，但投入之票被機器收走，不再跳出。日本每處地下鐵車站，因不諳日文，如入迷魂陣，不知走向何處好，如走錯路線或出口，即要走很多冤枉路，有時連日本人也搞不清楚，要注意看路線圖及指標。地下鐵車站都尚清潔，四壁除有站名外，有許多彩色幻燈片廣告。車內四壁上，甚至懸掛的拉手上，都貼滿琳琅滿目的廣告，可說已充分利用，以增加收入。市區交通，除地下鐵外，尚有國鐵、公共汽車、計程車等，國鐵多高架，乘坐者亦衆。日本爲一靠左行的國家，車輛靠左行駛，所以汽車駕駛方向盤設在右座，正好與我國相反。但地下鐵上下階梯或上下自動電梯，行人倏而靠左，倏而靠右，並無定規，要看標示牌而行。

原載郵人天地第122期

扶桑島國之行觀感（下）

以上談了一些日本的衣食住行，現在略說其他各方面的觀感。日本文化應可說是淵源於中華文化，無論書籍、報章、雜誌、市招、廣告，都有很多漢字，其字義與中文無異，不過有不少字的筆劃和寫法與我們不同，簡體字較多。看日本報紙，雖然他們的片假名和平假名，我們不懂，但也可了解大概的內容。他們的用字，有時使我們覺得莫測高深，例如在馬路路面上，常常可以看到黃漆書寫的「高中50」，起初不知何意，後幾經揣摩，始恍然大悟，其意爲汽車行駛最高限速是五十公里。馬路邊有時豎立「橫斷禁止」的牌子，表示禁止穿越的意思。初入東京市區，在高樓大廈屋頂上常看到「大東京火災」「海上火災」等巨型廣告牌，使人觸目驚心，其實是火險的廣告而已。

日本治安堪稱良好，一方面固由於日本人的國民道德不錯，生活富裕安定；另方面聽說警方維持治安至爲嚴密，偸竊搶劫案件甚少發生，我們有時身懷百數十萬日幣，在人潮擁擠的地下鐵，不虞被扒竊。本局在東京澀谷區遠東貿易服務中心東京事務所展示室舉辦郵展，展出票品中不乏珍貴郵票。又本局在日本郵票代理商大江貿易公司，在會場設服務臺，出售本局郵票及郵票冊等，每日未售完票品，均留在會場內桌面上，既未放在鐵皮箱或保險櫃內，也未鎖入抽屜內，無人淸點交接，由大樓管理員將展示室門一關鎖了事，不虞失竊。如果在國內，經辦人一定不會放心的。

日本人的多禮是聞名於世的，他們彎腰作揖，多成九十度，「ドウモアリガトウゴザイマス」是口頭禪，不絕於耳，隨處可聞。尤其是各大百貨公司管理電梯的服務小姐，多年輕美貌，穿著合身的制服，頭戴小帽，親切的招呼上下顧客，口中不停的說「アリガトウゴザイマス」一面鞠躬為禮。日本各觀光巴士的車掌導遊小姐，亦率皆如此，故能遠悅近來，觀光事業發達，此種服務精神與親切態度，足爲國人效法。

日本於娛樂方面，種類很多，尺度亦較寬，不像我國那樣保守。成人電影院隨處都是，門口張貼十分暴露香艷引人的海報及照片。各報攤書店，黃色雜誌充斥，警方並不加以取締。日本歌舞團，最負盛名的當推寶塚歌劇團與松竹歌舞團，後者曾來臺灣表演，現在東京演出。至寶塚歌劇團則在大阪附近寶塚，由大阪乘地下鐵約半句鐘可達。聽人說該團水準極高，表演者全部爲年輕貌美的女性，劇中男角亦由女性打扮，進入該團，並不容易。我們此次到大阪，曾乘便去欣賞了一次，票價分日幣二千元，一千五百元，八百元及五百元，每日下午三時演出一場，演出時間爲三小時，中間休息三十分鐘。幾乎每場客滿，購票至爲不易，須事先訂購。其表演之服裝與布景，確屬上乘，且變化多端，使人眼花撩亂，極盡視聽之娛。最後壓軸戲之五十餘人的大腿舞，動作整齊劃一，香艷刺激，已值回票價。至於低級黃色歌舞表演，票價反貴，要日幣三千至五千，有人在門口拉客，分發宣傳單，但觀者不多。日本人打麻將是公開的，「麻雀」館的招牌，大街小巷，都可以看到，我們尚未去光顧過，致未知其詳。

棒球爲日本人最喜歡的運動之一，他們稱之爲「野球」。日本成人棒球水準甚高，好像僅次於美國，但少棒及青少棒則常敗在我國手下。職業棒球隊有不少隊，都由大企業出資畚養，每年舉行聯賽。我國旅日華僑，世界全壘打王，王貞治係屬於巨人棒球隊，他爲日本棒球迷崇拜的偶像，日本報上稱他爲「王一本」。今年巨人戰績似乎不佳，曾在電視新聞上看到「巨人三連敗」字樣。我們這次赴日，正碰到日本棒球季節，電視上儘是播報棒球比賽新聞及實況錄影轉播。日本高等學校一年一度的棒球聯賽，頗受日本人重視，目前正在如火如荼地舉行，觀衆至爲踴躍。每日報上多是棒球消息，可惜我們看不懂，也沒有時間去實地觀看欣賞。

櫻花爲日本國花，外形與我國國花梅花相似，花瓣亦爲五片。日本有梅櫻交流協會的組織，本局此次所印中華民國郵展在日本展出紀念信封，即以梅花與櫻花爲圖案。我們這次到日本，正好遇到櫻花季節。日本各地種植的櫻花樹很多，公園寺廟等名勝區行人道兩旁都有，有的已盛開，有的尙含苞待放。若干街道兩旁，沿著屋簷，裝飾著兩長列人造的櫻花，別有風味，十分美觀。上野公園的櫻花是十分聞名的。記得我在讀中學時，即曾讀到過我國一位留日文學家寫過一篇小說，提到上野公園櫻花季節時的盛況，印象至爲深刻。四月十日，我們在大阪辦理郵展結束，回東京，次日無事一身輕，乘暇搭地下鐵去上野公園賞櫻花。我們十分欣幸，正遇到上野公園櫻花盛開時令，且逢大好晴天。該日雖非星期天，但園內遊人如鯽。紅男綠女，至具盛況。園內有一條日人所謂的「櫻遊步道」，約一公里長，兩旁櫻花樹夾道，時櫻花盛開，遠看整條道路上空一片紅白色，美麗極了，日人在道路上舖蓆子、毛毯或塑膠布，席地而坐，一面飲宴賞花，一面齊聲唱歌，其樂融融。輕風過處，落英繽紛，遠看宛如花蝴蝶飛翔空中，又是一種景色。

日本東京地下鐵車站出入口附近，多有地下街，十分熱鬧，百貨店及飲食店林立，顧客衆多，生意興隆。地下街燈光燦爛，清潔整齊，空氣調節亦佳，人在其中，毫無窒息不適之感。又大百貨公司地下層多與地下鐵車站相連，出入旅客摩肩接踵，擁擠不堪，尤其在上下班時間，人潮洶湧，只能慢慢行進，因之各百貨公司及地下街商店，生意鼎盛。日本地下街最聞名與最美麗的，應推大阪地下街，在新阪急旅館地下，阪急百貨店附近，值得一遊。街中間有一泓淺淺的清流，水澄見底，水中放著大貝殼數個，有許多日本輔幣丟入殼中，有一圓、五圓、十圓、五十圓，甚至一百圓者，在水中閃閃發光。街中尙有五彩噴泉，如瀑布的急流，由上傾流而下，裸體美女雕像、彩色大玻璃等等布置。又有一小池，池中央有一圓形大鐘，一隻白色的鵝，跟著兩隻小鵝，繞鐘面而遊，栩栩如生。街燈式樣亦至新穎美觀，遊人如織，氣派不同凡響，兩旁多飲食咖啡店及飯館，裝潢均甚華麗，座椅舒適，一面冷飲或喝咖啡，一面欣賞街景，樂在其中。冰淇淋或咖啡每客約日幣四百元，折合新臺幣約六、七元，並不太昂貴。

原載郵人天地第123期

石油王國之行

沙烏地阿拉伯可說是石油王國，其儲藏量據估計爲一千三百七十億桶，佔世界儲藏量百分之廿，居世界十大產油國之第一位。每日生產量爲八百五十萬桶，佔世界產量百分之一五·三。筆者有幸，奉派追隨本局施總局長前往石油王國，作爲期一週之逗留。

沙國位於阿拉伯半島，面積二百十四餘萬平方公里，佔半島總面積五分之四，約爲臺灣面積之五十九倍。現有人口約八百四十餘萬人，則僅及臺灣之一半，是一個地廣人稀的國家。

沙烏地阿拉伯與我國關係至爲良好，爲我國在中東地區唯一盟邦，實施君主政體，人民信奉回教。

本局所製阿拉伯文說明「從郵票看中華民國」郵票展品一套，計一百三十二框，承外交部之協助與安排，首先在沙國吉達市展出。本局施總局長應沙國郵政總局局長巴納嘉（Mr. Samir Hamed Banaja）電報邀請，赴沙會同主持我國郵展之開幕典禮，筆者以職務關係奉命隨同前往，因此得睹中東明珠—沙國之近貌。

施總局長與筆者倆人，於元月七日上午九時四十分乘中華航空公司中沙直達班機（波音七〇七型飛機）飛離臺北，蒙簡副局長以次諸位長官、同寅、親友至機場送行，至感光寵。該項班機中途僅停香港、新加坡、達蘭三地各約五十分鐘，以上下旅客，於當日下午十時四十分（臺北時間為次日凌晨三點四十分）安抵沙國吉達國際機場，在途時間共達十八小時之久，抵達時身心有點倦累。沙國巴納嘉總局長率同其郵政總局公共關係處處長陶華吉（Mr. Salim O. Towairki）郵務處處長康賴飛（MRr. Ali S. Kholaifi）郵政運輸處處長賽蒙（Mr. Amin M. Samoun）郵政博物館館長甘梅爾（Kamel Taha Kamel）及統計科官員馬立克（Subhi A. Malik）等至機場迎候，我國駐沙大使館朱公使晉康及丁秘書邦國兩位先生亦前來照料。巴納嘉總局長，康賴飛處長及甘梅爾館長等三位曾於去年三月間來我國參加百年郵展，今在沙國重逢，倍感親切。巴納嘉總局長曾與施總局長相抱親臉，表示歡迎，此種禮節，為沙國之風俗。他們特為我們開貴賓室，並以轎車送我們至吉達美麗節安大旅館（Jeddah Meredian Hotel），該旅館為當地第一所高級觀光旅社，聞開張僅約半年。施總局長房間內已放有巴納嘉總局長贈送的水果一盤，有蘋果、香蕉、葡萄、梨等，似均係舶來品。上述沙國郵政官員係專程由首都利雅德（Riyadh）飛來接待，除巴納嘉總局長外，均與我們住同一旅館以便就近照料我們。

次日上午十一時，按照沙郵替我們安排的日程，參觀吉達中央郵局，係由巴納嘉總局長及其五位官員陪同，吉達郵局局長阿里·伊斯梅先生（Mr. Ali A. Ismail）在大門口迎候。吉達市雖為沙國西海岸最大城市，亦為沙國主要海港及國際航空站，但人口僅四十餘萬，為臺北市人口五分之一。吉達郵局爲一幢二層樓的建築，承告係臨時辦公房屋，新局屋正在建築之中。我們首先在其局長辦公室休息。室內設備不錯，新式辦公桌椅，舒適的沙發，大型寫字臺桌面爲深色厚玻琍，地面有厚厚的地毯，勝過我們郵政總局局長辦公室多多。牆上懸掛三位國王的照片，中間是沙烏地阿拉伯王國第一代國王阿布都阿澤滋（Abdul Aziz），右邊爲其子故費瑟爾國王（King Faisal），左邊爲當今國王哈立德（Khaled）。沙國一般公共場所均懸掛上述三位國王之玉照，足見受國人尊敬之一斑。按我國辦公室接待賓客，至多爲煙茶或咖啡，而沙國奉敬貴賓之飲料，則分數道，首先來一小盅所謂沙國熱咖啡，杯爲瓷器，頗精緻，此種咖啡味道酸酸的，尙不習慣飲用，但爲禮貌不得不喝。喝完要以手指遮住小杯口，即表示已喝夠，不要再添，否則侍役還會繼續替你加添。接著來一大玻璃杯甜茶，亦爲熱的，尙好喝。最後又換一種類似汽水的冷飲。大約沙國氣候炎熱，需以三種不同的冷熱飲來饗賓客。

洽商開辦中沙快捷郵件業務爲我們此行主要任務之一，聯郵處沈處長尙德原計劃與我們一道赴沙，後因病臨時未同行。我們到達後，巴納嘉總局長及其官員均曾問詢沈處長未同來緣由，至表關懷。巴納嘉總局長爲開辦中沙快捷郵件業務，曾於吉達郵局會議室舉行了一次座談會，沙郵對此項業務不甚明瞭，由施總局長詳加說明，願將有關單式、袋牌、標籤、合約等資料寄其參考，並歡迎他們派員前來我國實地考察研究。巴納嘉總局長向施總局長表示，如將來決定開辦該項業務，即儘先與我國第一個簽約辦理。

座談會後參觀吉達郵局營業窗口及郵件部門，據告吉達局共有員工四百人，其中郵務士約一百人，市區內有支局三十所。郵局不辦儲匯，亦不收包裹，僅機場郵局收寄一公斤以下之包裹。吉達郵局雖不大，但專用信箱卻有一萬零五百具之多，租供民間使用。聽說市區內有的地方尙無街道門牌，郵件投遞不無困難，因此多向郵局租用信箱，自行取信，此爲特殊現象。

元月九日上午，我們曾參觀其訓練中心，現有學生四百人，每一教室可容納三、四十人，承告要訓練三年之久。但不知其課程內容如何。他們亦選派高級人員三十人至美國郵政部研習進修，爲期四年，返國後派充郵局局長或其他高級職位。我們到各教室參觀時，各學生均起立向施總局長表示歡迎，局長以英文向他們簡短答謝並祝好。午後二時許，西區管理局局長Abdul - Aziz Hasbu Llah 在其辦公處大廳內設午宴招待我們，大家席地而坐，主菜爲一隻熱氣騰騰的全羊，承告是羔羊，相當鮮嫩，可用雙手取食，或以小刀割裂羊肉，味道不錯，沙國禁止飮酒，以汽水代替，氣氛融洽而熱烈。

六月十日上午，我們承李如發先生駕車陪同前往我國駐沙大使館拜會薛大使毓麒、朱公使晉康、彭參事思衍等，答謝他們對本局郵展之協助與主持。彭參事曾任行政院新聞局編譯處處長，與本局楊前主任敏詩私交甚篤。李如發先生信奉回教，在臺北郵局服務多年，曾任組長職務，於年前離職來沙，擔任啓阜建設工程有限公司行政組長，他說將於近期內進入沙國郵政總局工作，如能實現，則對中沙兩國郵政間未來之聯繫合作，或有裨助。爲李先生面試之沙國郵政官員，即此次遠從利雅德飛來吉達接待我們的沙國郵政總局郵政運輸處處長賽蒙先生，以是李先生之進入沙國郵政工作，希望很大。

本局郵展於吉達市阿布都阿澤滋國王大學傳播中心展出，居品共計一三二框，總標題爲「從郵票看中華民國」，以阿拉伯文作說明。開幕典禮於元月十日下午七時半在傳播中心一會議廳內舉行，由國王大學校長儲貝爾博士（Rr. Mohammed Omar Zubair）、沙國巴納嘉總局長、我國薛大使及本局施總局長會同主持，到場貴賓有沙國前交通部部長、回教組織副秘書長及其他教育、文化、新聞、郵政、集郵界人士和我國華僑等三百餘人，入場時每人獲贈本局特製精美資料袋一份，我國大使館則贈送金質小國旗別針一枚。典禮開始時，首由國王大學校長儲博士分別以阿文及英文致詞，讚佩此次郵展爲沙國近年來之盛事，可以促進中沙兩國友誼及文化交流，意義深爲重大。接著沙國巴納嘉總局長及薛大使相繼致詞，均強調郵票的功能，在今日已不僅是交付郵資之憑證，且爲人類溝通感情，增進相互了解及促成彼此合作的工具，並特別指出此次郵展，在中沙邦交上之重要性。最後由本局施總局長致詞，對國王大學，我國大使館及沙國郵政總局之協助支持本局郵展之展出，首致衷心感謝之忱，同時簡單說明郵展展品之內容，敬請觀賞批評指教。巴納嘉總局長講沙文，薛大使及本局施總局長講中文，均由大使館丁秘書邦國先生，即席翻譯中文及沙文。本局所製表示中沙合作之大理石雕刻一面及從郵票看中沙友誼之特製展品一框，由施總局長於典禮中贈送巴納嘉總局長接受。典禮完畢，國王大學校長及巴納嘉總局長爲郵展開幕剪綵，各界人士湧入會場參觀，尙獲好評。沙國電視記者曾來拍攝郵展開幕典禮實況電影，於電視上播映。郵展展出期間爲一週，至元月十七日結束。

元月十一日，巴納嘉總局長、康賴飛處長及甘梅爾館長先行飛返利雅德，我們則在陶華吉與賽蒙兩位處長及吉達中央郵局局長陪同之下，分乘兩輛轎車到名勝區塔伊埠（Taif）去觀光，該地距吉達約一百七十公里，在一千二百公尺之高山上，氣候涼爽，爲沙國夏都，我旅沙僑胞絕大多數居此。車行約三小時餘，沿途公路兩旁，多屬荒漠地，看不到綠野平疇，亦乏河流橋樑。間有黑色羊群，點綴其間。四周群山，則寸樹不生，使人有蕭寞單調感覺。塔伊埠有一郵局，員工一六〇人，郵務士三十人，專用信箱亦有一九〇〇具之多。該局局長曾陪我們參觀極爲豪華的摩沙拉洲際大陸飯店（Massarrah Inter Continental Hotel），據告新落成不久，於八個月內造成，所用材料及傢具設備均爲外國貨，如大理石爲義大利產，其中最貴的一間套房，要一千二百元沙幣一天，折合新臺幣爲一萬二千餘元，貴得嚇人。中午，我們曾於該旅館吃法國式西餐，並攝了幾張照片留念。

現在讓筆者就耳聞目見所及，簡單的談一談沙國的社會風俗習慣。沙國禁食豬肉、禁賭、禁酒、禁娼，並禁男女合演戲劇或技藝表演，沒有電影院及歌廳、舞廳，但有二家彩色電視臺，由政府設立，除廣播新聞政令外，多爲宗教性節目，無商業廣告，有時也播映外國影片。沙國男人至成年年齡，必留短髭，平時著寬大拖地的阿拉伯服。女人甚少外出，筆者在沙七天，僅看到沙國婦女四、五位而已。她們外出以黑紗蒙頭罩面，難窺廬山眞面目，據說沙國女人多秀麗，皮膚白皙，眼睛大而嫵媚。禁著暴露服裝，不許駕車，外交團婦女亦不例外。男女家眷外出，絕無牽手親熱習慣，惟男子如係至友，爲表親切，會面或離別時可相抱親臉。婦女甚少在外工作，吉達郵局內無一女性員工，沙國航空公司所用空姐，均爲外國人。

沙國每星期五爲通行回教假日，等於我們的星期日，星期四亦休假，機關學校均不辦公，商店亦不營業，而星期六及禮拜天則照常辦公及營業。回教徒每日要禮拜五次，即晨禮（黎明）晌禮（中午）晡禮（下午）昏禮（日落後）宵禮（晚間）。禮拜時集體行禮跪拜，工作及營業均暫時停止。

沙國治安甚爲良好，由於治世用重典之故。竊盜被捕者砍斷雙手。筆者曾見甚多商店，無人看管時，僅用網將貨物一罩，並不關門，不虞失竊。與人通姦者，男人斬首，女人被亂棍或亂石打死，即皇室貴族，亦不例外，所以甚少風化案件發生。沙國禁娼，娼妓無由生存。丈夫赴沙國公幹，太太可放一百個心，是不會也不敢走私的。我國在沙國工作人員，聽說有榮工處、中華工程公司及電力公司等單位，共約五六千人，由於我國人員均能守法安分，沙國至爲歡迎。

元月十二日，是我們在沙國最後一天，承李如發先生之陪同，去市中心購些紀念品，惜是日爲星期五，爲沙國休假日，大公司商店均未營業，僅能在小商店內買些零星物件。沙幣與美金之折合率爲三·三，與一之比，即一元沙幣約等於新臺幣十元。我們於十三日凌晨一時許搭乘中華班機返國，結束爲時一週沙國之旅。沙國郵政總局三位官員及李如發先生等均曾至機場送別，盛情可感。

原載今日郵政第254期

景色怡人的華府雙橡園

第五屆國際中國鋼琴音樂比賽頒獎典禮，於去歲六月廿四日下午，在華盛頓雙橡園裡舉行，由我國北美事務協調委員會丁代表懋時夫人主持頒獎，筆者夫婦有幸被邀參與盛會，得睹嚮往已久的名園風光，至感欣喜。

雙橡園位於華府華德萊路（Woodley Road）三二二五號，爲我中華民國前駐美大使之官舍，有幢喬治復興時代白色的建築物，樓高三層，擁有二十六個房間。園之面積不小，佔地有十九英畝半。園內綠草如茵，繁花如錦，樹木扶疏，景色至爲怡人。大門入口處前方地面上，砌有一巨型國徽，內種花卉。該幢房屋之後，有兩棵高大的橡樹，並列聳立，因而取名爲雙橡園（Twin Oaks）。

室內布置裝潢，相當華麗，但不失典雅高尙。厚厚的地毯，潔白的窗簾，美觀的水晶吊燈，桌椅等傢具設備，中國式與法國式，兼而有之。牆上懸掛的，爲我國現代名人字畫，有陳定山、江兆申、李奇茂、歐豪年等作品。

說起該園的歷史，可遠溯到十九世紀，爲一名美國富有的律師及美國國家地理學會創設人赫巴德先生（MR. Gardiner Greene Hubbard）所建造，作爲他夏日的別墅。到一九三七年，我國駐美王正廷大使，向赫氏後代租下此園，爲大使官邸。至一九四七年，於顧維鈞大使任內，才以美金四十五萬元購置，成爲我國歷任駐美大使的官舍，直至中美終止外交關係時爲止。

四、五十年來我駐美大使在雙橡園舉行的大小盛會，於華盛頓外交圈子裡頗爲聞名，享有美譽，應邀之中美及其他外籍人士，莫不以參與爲榮。因此也使雙橡園成爲華府地區名勝之一。

一九七九年中美斷交以後，我國政府先以雙橡園產權轉讓給自由中國之友協會，以免爲大陸政權所接收。至一九八二年，承該協會再歸還給我國北美事務協調會使用，以迄於今。

原載郵人天地第255期

美西之旅

小孫女已往曾多次要求我這位做爺爺的，帶她去美國觀光及探視其在美之姑姑，均因上班公忙，無法遂其心願。及至去年三月一日退休之後，無事一身輕，成閒雲野鶴，餘暇時間較多，乃乘小孫女於去年放暑假期間，陪她及其母親，作了一次美西之旅。為了省事省力，我們參加一旅行社舉辦的美西觀光旅遊團，為期十二天，旅行費用包括往返機票、沿途食宿及觀光門票與交通等，每人新臺幣伍萬一千元，依當時美金一元對新臺幣三十一元之匯率折算。旅遊地區及行程為：夏威夷三天、舊金山一天、拉斯維加斯三天、洛杉磯四天、聖地牙哥及墨西哥邊境一小鎮一天。

我們的旅遊團共計二十八人，男女老少都有，有的是年輕夫婦，有的是老祖母帶領媳婦及孫兒的，有的則為外婆陪女兒及外孫的，也有單身孤家寡人的，筆者一家是祖父、媳婦及孫女。職業方面，有公教人員、有做醫生的及經商的，有好幾位是家庭主婦，有一位是已退休的建國中學教歷史的女老師，灰白的頭髮，戴著一副金邊眼鏡，氣質高雅，口齒清晰，在檀香山時，她曾在遊覽車車上為我們講了一段夏威夷的歷史，相當生動，獲得全車熱烈掌聲，她也陪同媳婦孫女參加此次旅遊。另外有一位在臺灣大學研究的單身漢，胖胖的中等身材，面貌十分酷肖十信風暴案主角前立法委員蔡辰洲，戴了一副與蔡辰洲一樣的眼鏡，而且他也姓蔡，他自己也承認與蔡辰洲相像，他說這次在桃園中正機場要出關時，竟有一位治安人員特地跑來查問他，詳核他的身分證件，我們看了，也覺得非常的相像，報載蔡辰洲業已病故，但民間還有是否眞死等謠言，故仍引起治安人員的注意。至於我們的領隊兼導遊，爲一位姓顧的年輕小伙子，富有活力，單身未婚，招呼各團員尙能親切負責。

去年七月十日下午八時，在桃園機場乘新航班機啓程，首站爲夏威夷，預定停留三天兩晚，於翌日十一時許抵達，於檢查護照行李後，出口處有一對年輕的夏威夷土著在歡迎我們，女的貌美，上身僅著紅布胸罩，頭戴花環，曲線玲瓏。男的爲黑人，壯健粗獷，赤膊著身體，分別爲我們套掛花環，表示歡迎，花環用鮮花串成，淸香撲鼻，套掛後並逐一與我們拍照，女土著依偎我們的男團員合影，黑人別跟女團員拍照，每張放大照片，索費美金十元，極盡敲竹槓之能事。

我們出機場後即乘特租之遊覽車至火魯奴奴著名海灘懷基基（Waikiki）附近之Quality Inn Hotel安頓房間及行李，領隊事先爲我們安排之房間，原則上爲兩人一間，筆者與一位年齡與我相若之彭先生同宿一間，據其稱他於這次旅遊完畢後將去華盛頓探視他開餐館的太太。長媳與孫女則與來自高雄的一位中學老師高小姐同房。午後二時觀光夏威夷島上之名勝，遊覽車上導遊小姐，是從臺北來美留學的廖小姐，青春活潑，穿著一襲夏威夷傳統的長袍禮服，她的國語與臺灣話都講得不錯，她在車上爲我們介紹島上的風土人情。她說夏威夷群島上，原有一王國，到一八九八年歸入美國版圖，至一九五九年始成爲美國第五十州，是美國離開北美洲大陸唯一的一州，人口約百餘萬人，以東方移民佔二分之一爲最多，其中有我中國人、日本人、菲律賓人及琉球人等。我國人第一次踏上該群島者始於一八五〇年，迄今已逾百年。該州第一大城市爲火魯奴奴（Honolulu），亦爲夏威夷州之首府，人口於最近統計爲八十萬五千人，是美國第十六大城市，位於歐胡島上（Oahu）。該州盛產鳳梨、甘蔗、香蕉等農產品，島上到處是椰子樹，所謂蕉風椰雨，頗富亞熱帶浪漫情調。

說到椰子樹，我們的導遊廖小姐還特別講了一個有趣的故事。她說有一位日本老人，從幼即嚮往於夏威夷美麗的風光，甚欲前往一遊，但因生活困苦，無餘貲出國旅遊，每耿耿於懷。幸他有一子，在檀島苦學有成，獲得良好職業，因此接其老年的父親來夏威夷觀光，償其宿願。時當盛夏，有一天他老父於遊覽途中，感到有點倦累，躺在一顆椰子樹樹蔭下小憩，不意爲一顆從樹上掉下的椰子，擊傷頭部，其子向聯邦法院訴求傷害賠償，勝訴竟獲得一百萬美元的巨額賠償金。此事傳開後次日，島上所有農場的老闆，發現他們的工人怎麼全都不見了，原來都躺在椰子樹下，祈求上天掉下椰子來打傷獲得賠償發財。後來當地政府特別制定一法律，規定在公共場所的椰子樹，一律不准結有果實。

該日下午我們在導遊廖小姐帶引之下，曾暢遊島上若干名勝，其中有在檀島警騎電視影片片頭中的正義女神像及附近的軍人公墓。公墓中長卧地下的是二次世界大戰中犧牲成仁的美國士兵，他們的墓碑一行一行整齊地平嵌在草地上，遠看就不致破壞景觀，似值我國仿傚。至五時許，乘上「愛之船」遊港，每人費用美金三十元，小孩二十二元，船上供應晚餐，大杯的生啤酒不停地供應，任憑飲用。船上並有音樂歌舞等節目，歡迎遊客加入共樂。當日愛之船乘客中，除我們以外，尚有由臺北某一專科學校畢業生旅遊團，因此船上樂隊還特別奏出中國歌曲，大家曾合唱梅花等歌，在異國有此情景，大家心中都非常高興。

次晨一早，與孫女及媳離旅館步行至附近聞名世界的懷基基海灘，觀賞海景，時一輪淡月，猶高掛天際，海中已有人在衝浪戲水，亦有在防波堤上垂釣者。懷基基海灘只有數哩長，金黃色的細沙，赤足在上面行走，十分舒適，伸向海的海灘傾斜度不大，適於孩童及不善游泳者玩水，其所以聞名於世，或在於此。在檀島早晚都要下一陣驟雨，但為時甚暫，雨停即露出陽光，因此當地人都不作興帶傘，當晨在海上空際曾看到七彩彩虹，相當壯觀。早餐後大家乘遊覽車去觀光珍珠港，該港由於二次大戰時日機偷襲而聞名全宇，所以有人說，到夏威夷來如果不去觀光珍珠港，等於未到夏威夷。珍珠港是美國太平洋艦隊總部的根據地，位於歐胡島上，日機偷擊該港係發生於一九四一年十二月七日清晨六時許，是日適為星期天，美國因事前未接獲日本政府宣戰通知，故疏於防備，致使美國太平洋艦隊遭受嚴重損害，地面上數百架戰機被毀，軍民死亡者二千四百多人，美國亞歷桑納號（U. S. S. Arizona）軍艦被炸沉沒，隨艦沉沒遭難的海軍官兵計達一千一百七十七名，美國為紀念該次事件，特於一九六二年在該艦沉沒的海面建成白色長方形的美國亞歷桑納號軍艦紀念堂一座，堂內大理石牆上刻有死難海軍及海軍陸戰隊官兵的名字，現已成為夏威夷主要觀光目標之一，每週星期二至星期日上午八時至下午三時開放參觀，遊客欲前往參觀者，可乘特備交通船。該日下午我們參觀該紀念堂後，轉至玻里尼西亞文化中心（Polynesian Culture Center）觀光，有夏威夷傳統的草裙舞等表演節目，晚飯即在該中心吃自助餐。在夏威夷第三天早上，限於時間，我們僅到一山谷名叫「風口」的地方，去領略強勁冷風之吹襲，幾使人不能呼吸，要倒退逆風慢慢地勉強移動脚步，但於該處高臺上可觀賞火魯奴奴市區景緻。然後我們逕驅車到機場，乘下午一時許班機到此行第二站舊金山，於晚間十時抵達，住進一家水準不高的旅館（UN Plaza Hotel），居然無冷暖氣設備，對面街上尚有一家跳脫衣舞的夜總會，鬧人的熱門音樂，使人終宵不能安寧。

在舊金山僅停留一天，聞名全球的金門大橋當然是我們主要觀光目標，其他有金山公園、雙子星、漁人碼頭及天使島等。金門大橋為世界第二長橋，橫跨金門海峽，面對太平洋，橋長四千二百呎，兩端兩座橋塔高七四六呎，是世界上最高的橋塔，支持橋身的兩根巨大鋼索，直徑三十六點五吋，橋寬六十呎，闢為六線車道。該橋於一九三三年開始建造，至一九三七年落成啓用，建築費計三千五百萬美元，負責工程師為Goseph B. Strauss，靠近橋端一公園裡，塑有其立姿雕像，遊客們多在其像前留影紀念。金山公園及雙子星並無特殊可叙述之處，當日下午曾觀光漁人碼頭並乘船遊覽漁港，環繞因囚犯人而著名的天使島，往昔曾有我華裔先驅移民在島上被放逐，受盡苦難，惜未能登臨憑弔。遊港後乘四時班機飛往賭城拉斯維加斯，至六時抵達，住進一家十分豪華的觀光大飯店（Marina Hotel & Casino Las Vegas），店內備有各種賭具，可以通霄達旦賭博。

到達賭城第一天晚上，我們就去麗都（Lido）夜總會欣賞十一時開演之法國式的歌舞表演，每六個人坐一桌，須事先訂座，因觀賞者甚衆，每桌分配香檳一瓶，每人冷飲各一份。舞台布景極盡富麗堂皇變化多端之能事，五彩繽紛，歌舞女郎，年輕貌美，曲線玲瓏，服飾又極華麗，上空表演，品質高尚，使人視而不淫，一個半小時的表演，享盡視聽之娛。是項表演，雖不低俗黃色，但仍禁止十二歲以下孩童入內觀賞，因而小孫女及其他同行小孩等由領隊帶往另行觀賞馬戲團。觀賞麗都歌舞表演回旅館，已深夜二時。賭城拉斯維加斯原爲內華達州一片沙漠不毛之地，夏天炎熱異常，超過華氏一百度，沒有任何資源，但經闢爲賭城後，成爲世界著名觀光都市，賭客及觀光客每年由世界各地大量湧入，市面逐見繁榮，不但創造就業人口，也增加州政府一筆龐大稅收。到賭城後翌日上午十一時許，長媳與孫女跟隨部分團員乘小飛機去世界七大奇景之一的大峽谷遊覽，當日下午七時返回賭城。是項小飛機每架僅可乘客五人，參加者每人須另付美金一五五元，小孩一三五元，並給駕駛員小費三元，費用相當昂貴，我因於十年前曾去遊過一次，故未同往。大峽谷在阿歷桑納州，景色壯觀而偉大，峽谷之長度達三百五十公里，寬度從六公里到二十九公里，峽谷最深處爲一千七百四十公尺，每天每小時都有多變而迷人的光線，可謂氣象萬千，自一九一九年起成爲美國國家公園後，每年的觀光客約二百萬人。據前往旅遊的團員回來說，小飛機到大峽谷時曾垂直下降至最深谷底觀光，驚險萬分，小孫女驚恐得哭了起來，乘客也大多嘔吐不止。到拉斯維加斯如不賭博一下，等於入寶山而空回，因此同行團員多少都在所住旅館裡玩玩角子老虎、輪盤賭及二十一點等，但十之八九都送了錢。是晚十一時，顧領隊帶領我們去觀賞賭城市區夜景，閃耀眩眼的霓虹燈，五光十色，爭妍鬥奇，極盡變化之能事。最後至凱撒宮，爲賭城規模最大設備最豪華之賭場，氣派非凡。夜遊歸來，已過子夜。

七月十五日午後二時飛離賭城，前往此行之最後一站洛杉磯，在途飛行時間僅約五十分鐘。我們在洛杉磯計停留四晚五天，主要遊覽觀光目標有環球影城（Universal Studios）、狄斯耐樂園（Disneyland）、聖地牙哥海上世界（Sea World）等，各需花費整天的時間。抵洛城後次日，我們首先遊覽好萊塢最大製片場環球影城，遊客衆多，大排長蛇陣，門票要美金一五·九九元。由該影城可使人了解電影上許多布景及奇觀特技都是假的，像著名的大白鯊影片中六千磅重的大白鯊就是人造的。我們搭乘影城內特製一長列的遊覽車，環繞片場一週，參觀四百二十多英畝的製片場地，其中有十九世紀及二十世紀早期世界各地重要城市的街道店面等布景，並進入好幾個攝影場，實地觀察影片上許多驚險刺激的鏡頭，究竟是如何攝製的。此外有五個精彩的露天現場表演節目，有一排排座位可供坐著觀賞，是項表演訂有開演時間，有經驗的導遊，會作事先妥善安排，才不會錯過。

七月十七日一早，我們離洛杉磯乘遊覽車先到墨西哥邊境一小鎮基瓦那（Kiwana）觀光，雖可自由進入墨西哥境內，但再回到美國，則須檢查護照，如護照上美國簽證只准一次入境者，則不能前往，否則遊覽該小鎮後將無法再進入美國，因之長媳及小孫女及少數團員不得不由領隊另行安排至附近逛超級市場。其實墨西哥基瓦那小鎮並無特殊值得遊覽之處，僅有一條不算太長的街道，兩旁商店都是出售紀念品，賺取觀光客荷包裡的鈔票，紀念品大多是墨西哥的特產如皮革及銀的製品。當日下午我們到聖地牙哥的海上世界觀光，遊客亦十分衆多，其範圍及規模當然比國內野柳的海洋世界大得多，花樣也多得多。有兩個特別表演節目應不可錯過，其一爲海上最大哺乳動物鯨魚及海豚、海獅、海狗、海馬、企鵝等的表演，相當精彩。其二是水上狂想曲，有水的跳舞，配以彩色的燈光及悅耳的音樂，十分漂亮新奇，使人眼花撩亂。我們在海上世界遊玩中途，曾遇到一陣驟雨，遊客多臨時買件黃色套頭的雨披，披加在身上以避雨，係尼龍製成，售價美金三元，翻開衣領一看，有「Made in Taiwan」標誌，由此一端，即可見我國對外貿易發展之一斑。當晚仍回洛城住宿。

七月十八日整天觀光狄斯耐樂園。該樂園爲美國芝加哥人華德、狄斯耐（Walt Disney）於一九五五年七月十五日所開創，迄今已三十多年，頗享盛名於世界。華德、狄斯耐對世界娛樂界之卓越貢獻，應可說是前無古人，後或將無來者，他所創製的米老鼠、唐老鴨、白雪公主、七矮人、愛麗絲等彩色卡通影片，帶歡樂給全世界的孩童，一九六一年又推出彩色世界影片，亦極受歡迎，使他獲得奧斯卡金像獎達三十次之多，實屬難能。一九六七年他在美東南部佛羅利達州奧蘭多（Orlando）又開辦狄斯耐世界（Disney World），其範圍比洛杉磯狄斯耐樂園更大十倍。洛城狄斯耐樂園爲我們此行主要觀光目標之一，園內有很多表演可以觀賞，其較著者有探險世界（Adventureland）拓荒世界（Frontierland）幻想世界（Fantasyland）及明日世界（Tomorrowland）等，設想新奇，花樣百出，其中頗有啓發兒童心智者。該園晚間還有五彩煙火表演，眞使人有樂而忘返之感。七月十九日爲旅遊最後一天，顧領隊曾帶我們去參觀一家公立博物館，遊覽一處日本花園，並至中國城逛和平及頂好超級市場購物，當晚大多團員乘新航班機返國，筆者與媳及孫女則轉搭美國國內航線飛機至奧克拉荷馬州滔沙市探視小女，結束爲時十二天的美西之旅。

原載鄉人天地第217期

黃石公園之旅（上）

美國黃石公園（Yellowstone Park）舉世聞名，心嚮往之。民國八十年夏季筆者有幸偕內子隨同小女一家四口，由小婿駕車，去黃石公園等地，作十天之旅，得償宿願，無任欣慰。入園前兩天順途先去羅西莫山（Mount Rushmore）美國四位總統頭雕像及魔鬼塔山（Devil Tower）兩處名勝遊覽。在黃石公園內遊玩三天後，轉至恐龍殘骸採挖場及博物館（Dinosaur Carnegie Museum）、印第安人故居（Mesa Verde）、四州角（Four Corners）、大沙漠坵（Grand Sand Dunes）、卡普陵火山（Capulin Volcano）等美國國立名勝古蹟觀賞。此旅係於八月十日由小女住處奧克拉荷馬州滔沙市出發，經過堪薩斯、內布拉斯加、南達科塔、懷俄明、猶他、科羅拉多、新墨西哥及阿利桑那等八州，於同月十九日返回，行馳里程逾三千六百哩，沿途尚稱平安愉快，在人生旅程上留下美好之一頁。茲將此次旅遊黃石公園及上述各名勝古蹟觀感所得，略敘於下，或可供後繼旅遊者之參考。

黃石公園位於懷俄明州西北部，是美國最大、歷史最久的第一所國家公園，於一八七二年經國會通過明定為國立公園。該園佔地約二百萬英畝，其面積為三、四七二平方哩，幾等於台灣全島四分之一大，據報載已和我國陽明山國家公園締結為姊妹公園，論面積眞可說是大巫見小巫，自不可同日而語。黃石公園平均高度爲七、五〇〇呎，於一八〇七年始被人發現，有人認爲是世界上最古老的國家公園。園內爲美國保存有最多的野生動物，在森林中有麋鹿、黑熊、北美洲野牛、有角鹿、野羊等，於湖泊裡則有野鴨、天鵝、海狸、海獺、水鳥等，因此被稱爲美國野生動物最大的庇護所。該園由於地熱關係，具有比世界上任何地區更多的噴泉及溫泉，造成獨特的奇景。大大小小的間歇熱泉約有二十七處，其中最爲著名的是老信徒噴泉（Old Faithful 亦有譯爲老忠實噴泉），每隔若干時間噴出數百呎高的強大水柱，至爲壯觀，歷時約數分鐘，遊客圍坐或站立在四周特定區外所設長條矮木凳上，耐心等待。據稱已往此一間歇噴泉，相當準時，及自前年受舊金山大地震影響，已不能預知噴出時間。此外尚有岩明泉，一天中有一次會噴到一百二十五呎高，氣船泉則有時會從三十呎驟升等三百八十呎。園內有不少湖泊，最大的稱爲黃石湖（Yellow - stone Lake），比日月潭大得多，沿湖公路長達一百十哩，湖邊有大小遊艇，可供遊湖，馬達小汽艇可坐六人，由遊客自己駕駛，每小時租費二十美元，我們一家曾租此項小汽艇遊湖，由於風浪較大，頗感驚險刺激。園內各處，山林茂密蔥鬱，風景秀麗。黃石峽谷，有鐵梯可攀沿直下谷底，欣賞上下兩層瀑布，宛如仙境。黃石公園每年遊客多達二百五十萬人，入內車輛約一百萬輛。遊客以夏季爲最多，至十月若干地區因下雪而封閉。去該園旅遊，旅館須三數月前預訂，我們此次抵達進園時，於入口處已標明園內所有旅館及露營營地均已客滿，幸小婿於兩週前以電話預定營地一處，三晚租費美金三十五元，另加入園費每車十元。我們的營地編號已達三百七十八號，可見露營者甚多，蓋可節省昂貴的旅館費。營地區內有洗手間，烤肉等設施。我們在營地上搭帳逢，自己燒飯吃，拾山柴入晚烤火驅寒，宛如回到年輕童子軍時代，別饒樂趣。山上晚間氣溫甚低，蓋兩床棉被猶覺冷，所以旅遊該園，要帶毛衣或茄克等，以免受寒。該園曾於一九八八年夏發生大火，因乾旱與強風，燒毀了數十萬英畝的森林，美國聯邦政府雖曾派數千名海軍陸戰隊前往協助救火，並派飛機及直升機在空中噴水，成效未著，一直延燒到十月，始靠雨雪、得天之助，而告熄滅。迄今業已三年，尚未恢復舊觀，致到處是枯林殘枝，滿目瘡痍，大大影響了景觀。

羅西莫山山顛黑色岩石上所雕刻的四位美國總統頭雕像，爲美國國立風景區之一，景緻十分雄偉壯觀，每年遊客亦達二百萬人。此四位總統頭雕像由左至右，依次爲華盛頓、傑佛遜，老羅斯福及林肯，象徵獨立、正義、平等、自由、無畏、自信及堅忍。該山位於南達科塔州境內，爲美國地理中心。雕像之發起人爲該州歷史學家羅賓遜（Doane Robinson），雕像者是鮑格藍（Gutzon Borglum），於一九二五年動工雕刻，最先雕華盛頓總統，依次爲傑佛遜與林肯，老羅斯福像最後於一九三九年七月二日全部完成，先後費時十四年，實際工作時間則爲六年半，耗去當時幣值約美金壹佰萬元，其因雕像而掉落之岩石達四十五萬噸之多。每一雕像頭高六十呎，鼻長二十一呎、嘴寬十八呎，號稱爲世界上最大雕像，是美國七大人造奇景之一，且位列第二。該七大奇景爲：㈠舊金山金門大橋㈡羅西莫山四總統頭雕像㈢休士頓亞士特羅圓頂（Astro dome）㈣紐約自由女神像㈤阿利桑那胡佛水壩（Hover Dam）㈥佛羅利達華德、狄斯耐世界㈦聖路易市的拱門（Gateway Arch）。由停車場步行，至山麓觀望台，沿路兩旁豎立著旗桿，懸掛五十州州旗，每一桿座裝有銅牌，上鐫刻州名及成爲聯邦一州的年月日，頗富國民教育意義。

魔鬼塔山在懷俄明州東北部，爲火山岩構成，拔地而起，矗立天際，氣勢磅礴。山高約一千二百呎，成圓柱形，山頂平坦，四圍爲寸草不生的岩石峭壁，攀登至爲困難，第一位爬上山頂者爲威廉姆、羅傑（William Rogers），係於一八九三年，他藉三百五十呎長的軟梯而攀登成功。至一九六三年，登上山頂者已達一千人，到一九八〇年，已逾一萬人，目前每年攀登者約有數百人。此山在印第安人間，流傳著一個美麗動人的故事，傳說有七個小女孩，爲躲避黑熊追襲，奔逃跳上三呎高的岩石，其中一位女孩向岩石禱告說：「岩石！請可憐我們救救我們吧！」岩石聽了，即將它自己向上升高，將小女孩們推上，使黑熊咬不到她們，因而獲救，至今黑熊爬岩石爪痕猶清晰可辨。後來七個女孩變成天上七顆星，有人指是天文上金牛宮中的七星。魔鬼塔山於一九〇六年由老羅斯福總統宣布，成爲國立名勝。歸國家管理。

原載郵人天地第263期

黃石公園之旅（下）

恐龍殘骸採挖場及博物館，係位於猶他州東北部，亦爲美國國立名勝之一。恐龍爲地球陸地上最大動物，早已絕跡，據專家考證，在億萬年以前，由於大風沙將成千的恐龍埋葬在美洲大陸沙石之中，最初於上述採挖場岩石中發現恐龍殘骸化石的是道格拉斯（Earl Douglas），係於一九〇六年，他認爲該處是恐龍殘骸儲藏量最多的地方。他於該年發挖到八具恐龍尾巴的骨骸化石，其後由政府派專家陸續發掘，每年均有收穫，迄今已挖掘出恐龍化石骨骸共二千餘塊，最大的大腿骨有六呎長，五噸重。至一九五八年六月，在該處採挖場依靠山岩建築一座高敞的房屋，公開讓人參觀，其中一部分博物館陳列著恐龍殘骸化石及各項圖片資料，大廳內放置一具完整的龐大恐龍骨骼，但係仿製品，供觀衆拍照留念。在木欄桿外，可以看到若干工作人員在陡峻岩石上用現代化電動鋼鐵工具設備，細心挖掘岩石中恐龍殘骸化石情形。

印第安人是美國最早居民，在歐洲人移民來美前，他們已在美國居住了千餘年，目前共約一千四百萬人。在科羅拉多州西南方的高原上，留有他們的故居。印第安人在數百年前，即在該處峭壁懸崖下造屋居住，最大的一處，有居屋二百餘間，結構與現代公寓相類似，有二、三層高，大約建於公元一千二百年，其遺址廢墟，美國政府予以妥善保護，並於一九〇六年明令爲國家公園，由聯邦政府管理，供人參觀憑弔，爲旅遊名勝之一。「Mesa Verde」乃係西班牙文，其含義即是「Green table」之意，指該地佈滿終年長春的矮松樹，遠看像綠色的桌面。

四州角在科羅拉多州科特（Cortez）小鎭附近，與印第安人故居名勝相去不遠，是美國境內唯一成「十」字形，四個州境界交會之處，此四州爲東北角的科羅拉多州，東南角的新墨西哥州，西北角的猶他州，西南角的阿利桑那州。在該交叉點築有一正方形的水泥平台，畫一交叉「十」字形，分成四部份，分別書寫上述四州州名，並繪有四州州徽。平台附近有一木製瞭望台，可供觀光客登上瞭望及攝影，也是美國名勝之一，收費僅美金一元。遊客多喜坐在水泥平台上「十」字形中心交叉點而將雙手雙腳分別放置在四角上，表示置身於四個州的土地上，拍照留念。遊客欲上平台拍照者，須排隊等候，依序前往，並不爭先恐後，具見美國人的守法精神。

大沙漠坵位於科羅拉多州的南部，在兩大山谷之間，長達五十哩，面積約五十五平方哩，是該州最乾燥地區，每年降雨量少於十二公厘，夏天沙漠上氣溫高達華氏一四〇度。於一九三二年，胡佛總統宣布成爲國立名勝。大沙漠坵上，黃沙浩瀚，滿目蒼涼，細砂隨風滾流，遠看有如粼粼水波，景亦奇妙，流砂軟滑，人行其上，步履蹣跚，經過處足跡顯然，奔跑則易於滑跌，黃沙多會鑽入鞋襪內，因而遊客大多赤足而行，但熱不可耐。沙漠坵最高處，高於地面約七百呎。

卡普陵火山，爲我們此次旅遊之最後一站，亦屬美國國立名勝之一，位於新墨西哥州東北部。據專家考證，在一萬年以前是活火山，現已是死火山。山成圓盂形，也像一個饅頭，山頂為火山口，凹下成一大圓形。該山突起於大平原之上，火山口高於平原六百七十呎，有公路沿山盤旋而上，可直達山顛火山口，附近有一觀光中心，陳列有關火 山之資料圖片等，可供參觀休息，開放時間自上午八時至下午四時半。觀光中心入口處有一大櫃，放滿暗紅色的火山石，允許每一觀光客免費取回一塊，留作紀念。由觀光中心步行約三百呎，可下達火山口谷底，任人憑弔攝影。

原載郵人天地第264期

尼加拉大瀑布半日遊

美國尼加拉大瀑布（Niagara Falls）是世界奇景之一，舉世聞名。去年春末夏初，筆者曾偕內子前往作半日之遊，得睹芳容。

尼加拉瀑布在美國東北邊境，與加拿大接界，緯度甚高，約北緯四十五度，相等於我國哈爾濱。我倆由費城乘飛機至水牛城（Buffalo City），下機後乘計程車到大瀑布區，路途相當遙遠，計程車單程車費連小費計美金二十元，往返要四十元，折合新台幣一千五百餘元，內子說從臺北乘計程車去高雄，恐也要不了這麼多。後來聽旅館服務生說，由機場至大瀑布區有公共汽車可趁，車資較廉。

我們住進預先訂的假日旅館（Holiday Inn），雙人房房租美金三十餘元，尚潔靜。在旅館服務台繳費登記下午一時大瀑布遊覽團，每人美金十四元五角，心中以為同遊者一定不少。到時有一司機駕一輛朋馳黑色轎車來接，僅我與內子兩人而已，殊出意表，等於我們的專車，司機兼導遊，在瀑布區遊覽觀光達三小時餘，一路由其說明，倒也省事省力。

旅館離尼加拉大瀑布不遠，車一離旅館，即聞瀑布聲。時微雨初霽，氣候溫暖宜人。至大瀑布河邊，有鐵欄杆阻隔，世界聞名大瀑布，呈現眼前，尼加拉河水向下直瀉數百呎，如萬馬奔騰，震耳欲聾，遠觀若銀鍊千丈，氣勢磅礴，景緻壯麗無比，使人感到豪邁中兼具嫵媚飄逸之氣。據導遊言，我們在美國境觀賞者爲美國瀑（American Falls），如到加拿大境去觀賞馬蹄形瀑（Horseshoe Falls），無論氣勢範圍都要雄偉數倍。

尼加拉大瀑布之所以形成天下奇景，可說是造物主之傑作。在地理教科書上，大家都熟知，美國與加拿大邊界，有世界著名五大湖泊：蘇必略湖（L. Superior）、密西根湖（L. Michigan）、休倫湖（L. Huron）、伊利湖（L. Erie）與安大略湖（L. Ontario）。位於南邊美國紐約州的伊利湖，和在北邊的加拿大安大略省的安大略湖之間，有一巨川，即尼加拉河，長三十七哩。伊利湖比安大略湖低三三八呎。尼加拉河流到水牛城附近，因地勢頓然一落，形成二百呎一個斷崖，該河河水自四十九公尺之台地下瀉，而構成世界著名的尼加拉大瀑布，白鍊千仞，聲震山岳，形勢雄壯，世無其匹。尼加拉大瀑布，在古時印第安人眼中，認爲是雷公之水，因瀑布轟隆之聲，宛如天上響雷。

尼加拉大瀑布包含三座瀑布，係因尼加拉河中有羅那島（Luna Is）及山羊島（Goat Is），將河水分隔爲三股巨流，分別往下傾瀉，形成三座瀑布，一爲寬一千零六十六呎的美國瀑，一爲寬三百呎的羅那瀑（Luna Falls），一爲寬二千五百呎的馬蹄形巨瀑。其中自以馬蹄形瀑最爲壯觀，須到加拿大境內始可窺全貌。羅那瀑雖爲最小，但因終年水霧瀰漫，若隱若現，羞人答答，一般人喻爲新婚面紗。

美加兩國交界處有一座美麗的橋，稱爲霓虹橋（Rain bow Bridge），遠看有點像一道半月形的虹。過霓虹橋即爲加拿大境。據說在已往，只要拿出護照在橋之另一端入口處登記一下，即可進入加境觀瀑，目前我國與加拿大並無外交關係，國人通過此橋，必須事先簽證。我們到達那天，適逢星期天，雖然聽說水牛城郵局局長及夫人曾於年前來我國觀光，本局曾予接待，原欲找他幫忙過橋，惜未知其住址，又限於時間，只好作罷，深以未能過橋到加境觀瀑爲憾。加拿大境有一高塔，頂層有餐廳，可瞭望大瀑布全景，但我們也僅能隔岸相望而已。

尼加拉河中，有一遊輪，逆水而上，供遊客在河中仰觀大瀑布奇景，其感受自與在岸邊觀賞者不同。此輪取名爲「霧女」（Maid of Mist），承導遊告知，尙有一個動人哀艷的故事。據說在三百年前，印第安人對尼加拉大瀑布，認爲是天地的造化，感到驚奇而震懾。於每年秋收季節，要厚祭河神，以保境內平安。祭神時要集合村內少女，由酋長以箭試射，箭如落在某一少女之旁，就將這不幸少女，予以盛妝打扮，送上獨木舟，舟內盛滿果穀，從上游順流而下，頃刻之間，即葬身於飛瀑急流之中。

尼加拉河邊，有一發電廠，規模宏大，利用瀑布下瀉水力發電，發電量超過五百萬瓩，可供紐約全州之需用。觀光客可免費入內參觀，室內尙有電影，說明尼加拉瀑布往古形成的歷史，並爲該發電廠簡介。

入晚，於飯後曾至大瀑布公園區散步，見園內停有直升機一架，睹其說明，乘直升機飛臨天空鳥瞰大瀑布全景者，每十分鐘收費美金七元，內子極欲一試，惜晚間並不舉辦，爲之悵然。次晨，我們在濃霧中飛離水牛城，實際上遊覽大瀑布者，僅爲時半日而已。

原載鄆人天地第91期

伍萊洛克豐富之遊

您如果到美國中南部盛產石油的奧克拉荷馬州，有一處似值得您駐足觀光遊覽的地方，此即「伍萊洛克」，是（Woolaroc）的中文譯音，該名係由Woods、Lakes、Rocks等三個字縮寫聯合而成，從該三字可知，該處具有樹林、湖泊、岩石之美，風景幽麗，占地約三千五百英畝，為美國十大石油公司之一的菲力浦（Phillip）公司創辦人油業鉅子法蘭克·菲力浦氏（Frank Phillips 1873－1950）所捐獻，位於該油公司總部所在地巴特鎮（Bartle ville）西南方十哩處。

入口後為一野生動物園，汽車多慢慢地行駛，欣賞尋覓沿路兩旁樹蔭、叢草中，或草地上出沒的動物，有梅花鹿、叉角鹿、麋鹿、美洲野牛、長角犛牛、山羊、馬、斑馬、驢猴、火雞、鴕鳥、駱駝等。由展品資料說明，菲氏當時曾從澳洲購進一袋鼠，但目前已不見蹤影。至於湖泊中則可看到水牛、水鴨、天鵝等水上動物，一路上景致旖旎，空氣清新，使人賞心悅目。

車行約半點鐘，抵達一博物館，館內陳列菲氏一生所收藏的珍品，其中有許多關於印第安人文物。館進口兩扇大門及外牆，即引人醒目，因門牆上油漆繪畫五彩豔麗具有印第安人格調特色的圖案，到臨遊客莫不在門前拍照留念。

進入大門後爲一圓形大廳，正面中間有一座本館創辦人法蘭克·菲力浦氏巨大古銅質立姿雕像，身著西服，右手持拐杖，面容嚴肅。其兩旁靠壁四周，則另有四座體積較小但仍大於眞人的雕像，亦爲銅質。此四像依其像後壁上所書爲：㈠「The Outlaw 法外人」，是一位身穿印第安服飾，持長銃槍的婦女；㈡「The Cowboy 牛仔」是一位頭戴牛仔帽壯健的青年；㈢「The Indian 印第安人」是一位道貌岸然印第安酋長，盛裝酋長的羽冠及衣袍；㈣「The Plainsman，The Pioneer 平地人，先驅者」是一位足履長靴手持步槍的平地男士。上述雕像、神態粗獷、俊逸，虎虎有生氣，應出自名雕刻家的手筆。

館內有不少間陳列展品房間，多舖深紅色地毯，四壁牆上，懸掛的除有不少塊印第安人編織的顏色鮮艷花紋地毯外，尙有虎皮、豹皮、牛羊皮等，壁之上方則裝置有美洲牛、叉角鹿、長頸鹿、熊、虎、豹等動物頭部的標本。壁上鏡框內的照片及大幅油畫，亦多爲印第安人酋長的肖像與印第安人日常生活起居及戰鬥時的場面，玻璃橱櫃架內，則陳列有印第安人所用的石斧、箭矛、刀槍、衣飾、鞋履、編織器皿、圖案美麗的彩陶瓦器等，一一無法盡述，從該項展品中，可讓人了解印第安人的歷史文化及其往昔的生活情形。

菲氏生平有收集槍枝嗜好，有幾個房間玻璃壁櫃內，放滿世界各國各時代製造的各種類型的手槍、步槍、獵槍等，槍管槍柄有用金銀製成，甚至鑲嵌鑽石寶玉的，有若干柄放在紅木或錦緞製的槍匣內，華麗名貴無比，見所未見，可說琳瑯滿目，使人大開眼界。此外，在地面上還陳列有第一次世界大戰時所用過的機關槍等古舊武器。

館內亦藏有菲氏所蒐集的中國瓷器、鼻煙壺，及幾尊十八世紀時中國觀世音菩薩的雕像。印第安人愛好騎馬，菲氏集藏展出的馬鞍也有不少具，其中有一具經標明爲世上第一珍貴者，坐鞍用金銀製成，鑲有一百六十六顆鑽石，一百二十顆藍寶石，十七顆紅寶石，鞍重十五磅。其他較爲特殊之展品，值一述者，有：㈠一九三三年製造的運油車一輛；㈡菲氏私用小型單翼螺旋槳飛機一架，爲一九二七年出品；㈢菲氏於一九二七年六月十四日簽發的國家商業銀行（National Bank of Commerce）支票影印本一紙，面額爲美金一千萬元。館中尚有甚多張以牛角作爲桌椅腳及靠背的家具，在其他處並未多見。總之該館所收藏之展品，共達五萬五千件之多，相當豐富，可供遊客慢慢觀賞。

館附近有一小動物園區，最爲兒童遊客所喜愛，內豢養著各種可愛的幼小動物，有羊、豬、馬、猴、鹿、犬、雞等等，以朱紅色木欄圍成一小間一小間，地鋪細砂，男女工作人員不時以瓶裝牛奶或其他液質飼料餵食牠們。小動物天眞柔順，能讓孩童撫摸、擁抱、親吻，遊客家長多爭取鏡頭，攝影留念。

館之對面有一幢販賣紀念物禮品房屋，內附設小型放映室，定時播映菲氏創設此一遊覽區之歷史、風景及印第安人生活等。牆外屋頂築有瞭望台，有梯可讓觀光客攀登眺望四周景緻。

博物館外附近有不少塊號稱億年前的古樹化石，外形奇特優美，供人憑弔，草地上則有幾具印第安人居住用的白色帳篷，沿停車場一邊，豎立十數根高逾十公尺的鐵桿，桿頂築有各種型式的鳥居小屋，亦具匠心。

國內外遊客前來觀光遊覽者爲數不少，其中不乏世間知名之士，根據資料顯示，有胡佛、杜魯門等總統、斯巴爾曼（Spellman）紅衣大主教，前英大使哈里法克斯勳爵（Lord Halifax）、大實業家杜邦（Eugene Dupont）等。

原載民國八十二年十一月七日美國世界日報週刊

他鄉訪故知

筆者退休後於七十六年七月間來美探親，暫居美中南部奧克拉荷馬州第二大城滔沙市（Tulsa）小女處。好友幼愚兄接踵於同年九月初亦來美國，探視其在德克薩斯州阿靈敦德州大學（University of Texas at Arlington）研究所深造的幼子。我們相距不算太遠，約六小時的車程。在美國的居住環境一般尚稱不錯，尤其在郊區鄉間，空氣乾淨，視野廣闊，到處是綠草如茵，樹木成蔭，而且治安大致良好。其唯一缺點，就是華人稀少，各家相住又遠，對老年人而言，甚少有晤談對象，稍感寂寞，較難適應。因聽到老友抵美，就興往訪之念，同時德州第二大城道拉斯（Dallas）距阿靈敦，近在咫尺，該地爲甘迺迪總統遇刺遭難的地方，名聞全宇，很想去觀光憑弔一番，我們事先以書信及電話聯繫，幼愚兄聽到筆者此項意念，甚表歡迎，他說將掃榻以待，要我住在他家，不必去宿旅館。

我選擇了一個週末假期，展開道拉斯阿靈敦二天之行。那天是十一月七日，星期六，上午九時由滔沙市住處出發，由小女駕一輛旅行車，兩位小外孫女同行，長六歲半，幼僅五歲。是日爲一難得的陰霾天，並不太熱。滔沙至道拉斯約二百五、六十哩，與臺北至高雄差不多。我們沿第七十五號國道向南行駛，沿途都是高速公路，路況良佳，平坦寬闊，路又筆直。路之兩旁，並無高山，是一望無際的原野牧場，間也看到牛、羊、馬匹在安閒吃草，風光景色，宛如圖畫，使人胸襟爲之開朗。由車中向前瞭望，直而無盡的路，好像要直通天際似的。沿途經過的村落與市鎮，均相隔甚遠，路上車輛稀少，沒有臺灣高速公路之擁擠，故車速可維持六十哩至六十五哩左右，尙稱平穩舒適。中午在路邊一家麥當勞餐廳，以漢堡、牛奶、咖啡等充饑解渴。沿線共僅收費一次，計美金一元。午後一時許，抵達道拉斯城，我們並未停留，直奔阿靈敦老友幼愚兄住處。雖然他於事先寄了一張路線簡圖，我們按圖索驥結果還是找了好久，問途了幾次，承老美熱心爲我們指點途徑。雖然道拉斯與阿靈敦相距不遠，我們好不容易的，於下午三時許始找到幼愚兄的寓所。他住在一幢公寓的二樓，有兩房一廳，離其幼子就讀的阿靈敦德州大學很近。幼愚兄見我們抵達，熱烈歡迎，握手道故，大家高興萬分，古諺云：「他鄉遇故知，乃人生一樂」，確是的語。

當日下午，我與幼愚兄還在德州大學校園內球場上打了幾會合網球，這也是我們事先約好的，所以我去時，隨帶球拍及球鞋等，小女及兩位小孩則留在他家休息，因開了將近七小時的車，也是夠累的。晚飯時承其少爺親自下廚燒菜，竟有我深所喜愛的紅燒豆腐及魚等佳肴，小女亦事先在家滷了一些菜帶去共同享用，有滷牛肉、滷雞腿、雞翅膀、滷蛋、滷豆乾及花生米等，幼愚兄特開一瓶茅台酒跟我對酌，一頓晚飯，吃得大家非常開心愉快。當晚承幼愚兄將他自己的一間卧室讓給小女及小外孫女睡，他與我則在客廳地毯上打地舖，暢談至深夜。

幼愚兄幼子現在阿靈敦德州大學研究所主攻數理統計，已五年，有獎學金。該校原名阿靈敦學院

（Arlington College），創立於一八九五年，至一九六七年始改今名，現有學生二萬多人，研究生三千人，其中來自國內者約三百人。該校最負盛名之科系爲能源——電力，排名在全美十名之內。該校校園廣大，面積達三百四十五英畝。校舍全爲紅磚砌成的建築物，堅固美觀而劃一整齊。校園內花木繁密，風景幽麗，讀書環境是相當不錯的。

次晨早餐，我們還吃到豆漿、饅頭及花捲等，也是他們自做的，在異國能吃到這些東西，實屬不易。九時許，由幼愚兄公子駕一車在前領路，先去逛附近的一所日本庭園，入園門票要美金一元，園內有日本風味的寶塔、亭台樓閣，樹木蔥鬱，花草鮮美，有曲徑通幽的小道，也有小橋流水，中有一池，碧波中有成群的五彩鯉魚，悠游其間，供遊客餵食欣賞。該園維護得相當整潔，堪値一遊。

筆者此次南下德州之行，除訪老友外，另一目的，厥爲到道拉斯觀光。該市人口一百多萬，在德州僅次於休士頓，位於休士頓之北二百二十多哩，盛產石油與棉花，附近有油公司四百多家，也是美國最大內陸棉花市場。喜歡看美國西部牛仔打鬥片的，對道拉斯城，應不陌生，目前已成爲一現代化都市，其飛機場聽說是全美最大的，爲重要航空轉運中心。及甘廼迪總統於一九六三年於該城遇刺猝亡後，使它更聞名於世，前往旅遊之觀光客，莫不要去憑弔一下美國最年輕總統遇刺的地方，我們自不例外。

甘廼迪總統係於一九六〇年擊敗尼克森而當選爲美國第三十五任總統，時年僅四十三歲，是美國歷史上最年輕也是第一位天主教徒當選的總統，他在就職典禮上說過一句名言「Ask what you do for your Country 」，至今仍傳誦在美國人心中。他於一九六三年十一月廿二日在道拉斯遇刺身亡，享年祇四十六歲，其遇刺使全世界為之震驚與哀悼，而美國人民，更悲痛萬分，如喪考妣。根據資料，他於該日乘坐一輛敞頂的轎車在道拉斯市區遊行，其夫人賈桂琳（Jacqueline）坐於身旁，德州州長約翰、康納利（John Connally）夫婦則在前座，他夾道受民衆熱烈歡迎，誰知於十二時三十分時，為路旁一座紅磚四層樓上一位歹徒從窗戶內持槍向下襲擊，頭部及頸部共中了致命的二槍，血濺旁坐的夫人身上，前座州長亦受輕傷，出事後立送附近巴克蘭德紀念醫院（Parkland Memorial Hospital）急救，終因傷重於下午一時許宣告死亡，副總統詹森即於二時宣誓繼任總統。兇手為一曾在蘇俄居住過的二十四歲青年，名叫奧斯華德（Lee Harvey Oswald），當場被捕，不意二天後於道拉斯警局地下室為一夜總會的老闆傑克·魯比（Jack Ruby）所槍殺。當年十一月廿九日詹森總統曾指定七人委員會，由華倫（Earl Warren）首席大法官召集作一徹底調查，於翌年九月廿七日提出報告書指出，認為眞兇確為奧斯華德，並無牽涉到任何政治陰謀。但兇手為何要槍殺甘廼迪總統，其眞相如何，至今仍是一個謎團。

我們曾特地去甘廼迪總統當年遇刺的地方憑弔一番，也看到那座紅磚四層樓的房屋與窗戶，附近有二座四方形紀念甘廼迪總統建築物，前面廣場地面上嵌有一方黑大理石碑，碑上所刻文字如下：

The joy and excitement of J.F. kennedy's life belonged to all men. So did the pain and sorrow of his death. When he died on Nov. 22, 1963 shock and agony touched human conscience throughout the world. In Dallas, Texas, there was a special sorrow. The young President died in Dallas. The death bullets were fired 200 yards west of this site. This Memorial, designed by Philip Johnson, was erected by the people of Dallas. Thousand of citizens contributed support, money and effort. It is not a memorial to the pain and sorrow of death, but stands as a permanent tribute to the joy and excitement of out man's life.

J. F. Kennedy's life

中譯文爲：

約翰·甘廼迪生命的歡欣鼓舞乃屬於全人類，其死亡的悲傷亦屬於人類全體。當他於一九六三年十一月二十二日遇難時，使全世界的人士爲之震驚與哀傷，在德州道拉斯更感悲痛。這位英年的總統，在道拉斯遇刺，致命子彈的射擊，即在離此廣場之西二百碼處。這座由飛利普·詹森所設計的紀念碑坊，爲道拉斯人民所豎立，成千的公民貢獻他們的人力財力，予以支援，這不僅是一種對死亡悲痛的紀念，而且是約翰·甘廼迪生命的永遠致敬。

甘廼迪總統遇刺迄今，瞬已二十四年，當年其一子一女，均尚年幼，今各已長大成人，我們對其英年早逝，不勝唏噓。附近有一所甘廼迪總統紀念博物館，陳列著遇刺時情況的照相、圖片及其他有關紀念資料等，一星期開放七天，自上午九時至下午五時。

後來我們又去參觀道拉斯歷史最悠久也最有名的學府，基督教南方美以美大學（Southern

Methodist University），校園也相當大，景色亦美麗，我們曾在校園內拍照留念。該校註冊學生限定爲三千人，頗具水準，也有臺灣去的學生。我們原擬去該城地下街觀光，因限於時間而未果。午後一時許，特別到一中國市場，名叫「臺北圓環」的中國餐館裡去小吃，完全臺灣風味，有臺灣粽子、肉圓、餛飩、臺南擔子麵、蚵仔煎、海鮮粥、牛筋麵、蛋炒飯等，可是價錢並不便宜，肉圓一個要美金二元，蚵仔煎竟要美金五元一盤，沒有幾隻蚵，海鮮粥一碗也要五元。隔壁有一市場，販賣臺灣來的土產及罐頭食品等，小女乘機採購了一些回家。至午後三時許，與老友幼愚兄及其公子握別，由衷的感謝他們的熱誠接待，駕車循原路北返，抵家已晚上七時多，雖稍覺疲倦，但深感不虛此行，心情十分愉快。

原載郵人天地第215期

美國之行(一)

新大陸金元王國阿美利堅，是一般人所嚮往的地方，說是遍地黃金，有點像馬哥孛羅時歐洲人嚮往中國大陸一樣。留學、移民、探親，到美國去的，多如過江之鯽，蔚為風尙。此次筆者有幸，奉派追隨本局施副局長赴美公幹，施夫人及內子則以探親名義，去看一看多年未見的兒女，藉便同行，作為時一個月的美國之行，實快慰生平。

筆者與施副局長此次赴美，重要任務有二，第一為代表我國出席美國費城國際郵票展覽，第二為考察在美國各地經銷本局集郵業務的代理機構。說到費城郵展，是美國集郵界為慶祝美國開國二百年所舉辦的大規模國際性郵票展覽，是美國開國二百年重要慶典活動之一。郵展正式名稱為「美國費城第七次國際郵展」，英文為：「INTERPHIL '76」。郵展當局邀請萬國郵盟會員國各郵政，各國集郵團體、世界著名集郵家及郵商等參加展出。我國於六十一年退出萬國郵盟後，已非郵盟會員國，原未在被邀請之列。本局鑒於該項郵展係為慶祝美國開國二百年而舉辦，深具重大意義，為配合國家總體外交，增進中美友誼，加強國際宣傳，以郵票宣揚中華文化及我國近年來各方面進步情形，亟有爭取參加必要。幸賴本局已往與美國集郵界普遍建立良好關係，並承我國駐美大使館新聞參事陶啓湘先生及本局在美國郵票經銷商環球集郵公司（World Wide Philatelic Agency，Inc.）負責人閔卡斯先生（Mr. Jacques Minkus）等之協助聯繫，乃獲費城郵展當局例外考慮，於去年六月二日正式來函邀請本局參展，並於本年二月二十三日函請本局派員前往出席郵展。

關於我們去美第二項任務，順便先說一說本局在國外代銷我國郵票情形。本局爲加強國際宣傳，拓展國外集集郵業務，增裕外匯收入，特在世界各地洽設代銷我國郵票經銷處，目前計有：美國、英國、澳大利亞、義大利、加拿大、新加坡、香港、日本、荷蘭、泰國、南非、瑞士、法國、希臘、阿根廷、菲律賓、澳門及印尼等處，其中以美國經銷處業績最好。本局美國經銷處環球集郵公司董事長閔卡斯先生，在世界郵商及集郵界裡頗有地位，其每年所出刊閔卡斯世界郵票目錄（Minkus New World Wide Stamp Catalog）與司各脫郵票目錄（Scott's Standard Postage Stamps Catalogue）齊名。該公司每季並發行一本頗具水準之閔卡斯郵票雜誌（Minkus Stamps Journal），經常刊登本局新郵消息及本局送刊之文章。該公司總公司設在紐約，在美國各大城市設有分銷處者計有三十四處之多。閔氏不但推銷本局郵票至爲努力，並隨時爲我國作國際宣傳工作，爲我國忠誠友人。本局所製「從郵票看中華民國」英文說明郵票展品一百五十餘框，在美國各大城市巡迴展覽，即承閔氏代爲負責辦理展出事宜，貢獻良多。施副局長與筆者於出席費城郵展結束後，奉命順便查視指導本局在美國經銷郵票業務。

我們一行四人，於五月廿七日首途，乘中華航空公司七四七巨無霸飛往美國，臨行承王局長以次各位長官、同仁及至親友好至機場送行，壯我們行色，衷心至爲感激。飛機於下午四時五十分起飛，八時抵東京，在羽田機場停留二小時後，續飛夏威夷。第一次坐七四七飛機，感到相當新鮮，有三百多座位，分成三段，每段都設有小銀幕，於長途飛行時放映電影，供乘客觀賞，免費發給每位乘客耳機一副，以收取電影中之對白及音響，華航空中小姐在機艙裡穿梭往來，一會兒送飲料，一會兒送毛巾，還要爲乘客供應早、中、晚三餐，相當辛勞。我們於廿七日上午十時抵達夏威夷，爲進入美國領土第一站，須在機場檢查旅客行李，我們因持有紅封皮公務護照，沒有打開皮箱檢查即全部放行，頗有受寵若驚感覺。

在夏威夷候機室不意邂逅甫告退休的郵政儲金匯業局儲金處處長陸谷樵先生，他鄉遇故知，把晤至歡。他先我們離開臺北，在夏威夷玩了三天，他與我們同機去洛杉磯，再轉往舊金山探視其子。飛機在夏威夷飛洛杉磯途中，曾遇高空散流，顛簸得相當厲害，一空中小姐端咖啡至我面前時，因飛機突然傾斜，將咖啡全部潑灑在我的身上，一套新西裝因此遭殃，幸西裝顏色亦爲咖啡色，待衣服乾後，尚無大礙。飛行五小時後於當天下午十時半抵洛杉磯，停二小時，轉乘環球航空公司國內線班機星夜直飛費城，至五月廿八日上午九時五十多分（美國時間）安然抵達。我們於五月廿七日下午四時五十分飛離臺北松山機場，怎麼於二十八日上午九時許就會抵達美國費城呢？噴射機再快，也不會快到如此程度，原來東西半球有時差，美國較我們晚一天。依照我手腕上的錶，是臺北時間五月廿九日上午九點三十分到費城的，因此，我們日夜不停地足足飛了四十一小時，所以我們感覺到相當疲倦。

在費城的旅館，是承郵展當局代訂的，是有名的希爾頓旅館，雖然叨了郵展代表的光，打了折扣，但每天宿費仍高達美金四十二元，加上稅金，要四十五元，而我們政府規定可報銷的旅館費，費城爲乙級地區，每天僅二十二美元（後調整爲二十八美元），相差甚鉅。但該旅館與郵展會場近在咫尺，步行僅需數分鐘，十分方便，因此也不想再轉換旅館，祇好吃點虧。

現在讓我來描述一下費城究竟是一個怎麼樣的城市。十七世紀時，瑞典人首先移民定居於此。一六八二年，威廉姆・賓（William Penn）建立此城，一般稱爲「兄弟友愛之城（City of Brotherly Love）」。第一次大陸會議集會於此，十三州代表在此奠立民主基石，簽訂獨立宣言及美國憲法。自一七九〇年至一八〇〇年，曾爲美國的首都，故費城爲美國歷史名城，獨立革命發祥地，目前是美國第四大城，有人口四百七十萬八千人，僅次於紐約、芝加哥及洛杉磯。費城位於美國東海岸之中心，距大西洋僅四十五英里，離紐約八十五英里，華盛頓一七五英里，均有高速公路通達，此外尚有飛機及火車可乘，交通堪稱便利。費城有不少名勝古蹟，可供觀光憑弔。例如第五街與第六街之間的獨立廳，是美國獨立宣言及憲法簽訂的地方。還有一座著名的自由鐘，具有歷史紀念意義。貝西・羅斯館（Betsy Ross House），是製造美國第一面國旗，貝西・羅斯先生的家，位於拱門街二三九號，可免費參觀，該館內一切陳設傢具，尚保持當時狀態，並陳列有第一面國旗的樣本，頗使人引發思古之幽情。

郵展會場設在費城民衆活動中心，面積相當大，有十八萬平方英尺，即等於二萬平方公尺，有空氣調節設備。進口大門外有一美麗噴水池，噴水池之前，上方空中，懸一白布製成之橫額，上書「INTERPHIL ’76」一行藍色及紅色英文字，街路旁立有郵展標示牌。大門進口左方設有售票窗口兩處，入場參觀者須購門票，成人美金三元，孩童一元，長期入場券十元，售票收入爲郵展經費主要來源之一，據聞參觀此次郵展觀衆達五十萬人，門票收入爲數可觀。大門入口至展覽大廳，有自動的電扶梯上下。大廳內布置的郵展票品，成長形排列，展框係用木條臨時裝釘而成，長寬各爲九十八公分，嵌以透明壓克力。展框展出面與地面成三十度角傾斜，對觀賞票品較爲有利。會場內除展出票品地位外，尙設有攤位一百七十一處，可容納五百人座位之禮堂及供五百人用膳之餐廳，電影放映室一間。會場內四周及走道角落，布置盆景及花卉，使人具有美感。

會場設置之攤位分二類，一爲租供各國參展郵政使用，面積較小，租金約美金二千元。一爲租供各郵商或集郵出版業使用，面積較各郵政攤位大一倍，每間租金約美金五千元。各攤位內布置，多別出心裁，各具特色，可謂多采多姿，爲郵展增加聲勢不小。於會場租設攤位之郵政計下列三十六國：中華民國、澳大利亞、比利時、英屬維爾琴島（British Virgin Islands）加拿大、科克島（Cook Islands）、Crown Agents、丹麥、法國、西德、東德、英國、格陵蘭、根西島（Guernsey）、匈牙利、印度、愛爾蘭、人島（Isle of Man）、以色列、日本、澤西島（Jersey）、列支京斯敦（Liechenstein）、紐西蘭、巴基斯坦、波蘭、葡萄牙、南非、聖瑪利諾（San Marino）、西班牙、瑞典、聯合國、蘇聯、西薩摩亞（Western Samoa）荷蘭、班格拉特（Bangladesh）、美國。

由上可知亞洲國家參加費城郵展及設攤位者僅以色列、日本、印度、巴基斯坦及我國而已。大陸中共既未參加，亦未設置攤位。

本局租得之攤位編號爲一四五號，地位適中，與以色列郵政之攤位爲鄰。我們於五月二十八日上午抵達費城後，行裝甫卸，即於當日下午，會同閔卡斯先生至郵展會場布置本局攤位，並承閔氏次女從旁協助，攤位上方正中招牌，已由郵展當局書寫「Republic of China」英文國名，攤位內部四壁張貼本局郵票海報、臺灣風景圖片、及出售之票品等，我國國旗於攤位內豎立。爲廣招徠，並表現我中華民國之特色，於郵展期間，特僱用當地我國留美女學生黃嫣妤、陳慧兒、李鳳儀、楊陸錫軍等四人，穿著本局事先在臺灣訂製之緞質繡龍長旗袍，於攤位上爲郵展觀衆服務，出售我國郵票、紀念封、首日封、護票卡、郵票目錄、中國郵票圖鑑等。爲公衆加蓋本局特爲費城郵展而鐫刻之紀念戳，並免費贈送印製之「從郵票看中美兩國友誼（Stamps Relate the Friendship Between the United States of America and the Republic of China）」彩色宣傳摺頁。於郵展展出期間，我國攤位前經常擠滿公衆，爭購我國郵票，加蓋我國紀念戳，具見我國郵票頗爲國際人士所喜愛。

本局爲配合費城郵展措施，頗有足值述者，除租設攤位情形已如上述外，尚有下列各項：

㈠我國爲慶祝美國開國二百年而發行之紀念郵票，分新臺幣二元及十元兩種面值，特訂於五月廿九日費城郵展開幕之日發售，以表示我國對費城郵展之重視。

㈡本局特印製參展紀念封一種，於郵展會場發售。

㈢本局特鐫刻參加費城郵展紀念特戳一個，於郵展會場我國攤位上備集郵公衆加蓋。各國郵政攤位上亦多備有紀念戳，惟日本、巴基斯坦、波蘭等國郵政攤位上則付闕如。

㈣準備袋裝票二萬份，以透明塑膠袋作封套，上印紅色英文字：「Free China Salutes the American Bicentennial, Directorate General of Posts, Taipei. Taiwan, 106, Republic of China」，袋內裝慶祝美國開國二百年紀念郵票一套，護票卡一張，首日封及參展紀念封各一個，於我國攤位上出售，銷路頗佳。

㈤印製「從郵票看中美兩國友誼」彩色宣傳摺頁四萬份，於我國攤位上免費分送觀衆，以加強宣傳。

㈥精製郵展資料袋七百份，於適當場合分贈貴賓及有關人士，甚獲好評。該項資料袋封面加印中英文燙金字：「慶祝美國開國二百年及費城郵展Salute the U.S.A. Bicentennial and ITERPHIL' 76, 中華民國郵政總局敬贈Directorate General of Posts, Taipei, Taiwan 106, Republic of China」，袋內裝：1.「從郵票看中華民國（Stamps Tell the story of the Republic of China）」畫冊英文本一本，2.上述「從郵票看中美兩國友誼」彩色宣傳摺頁一份，3.上述爲費城郵展我國攤位上出售之特製袋裝票一份。

原載今日郵政第224期

美國之行(二)

此次費城郵展展出之展品，可分叁部分，其一爲榮譽展品部分，其二爲參加競賽展品部分，其三爲各郵政參展票品部分。依照郵展當局所編印之展品目錄所載，展出框數最後編號爲三千三百二十號，實際展出框數則不及此數。每框可裝標準貼票卡十六頁，較本局所製郵展鏡框每框僅能裝貼票卡四頁者大四倍。故此次費城郵展展出之框數，相等於本局郵框一三、二八〇框。按我國國內已往舉辦之大規模郵展，如本局主辦之六十一年四海同心郵展，及由民間集郵社團主辦之六十三年自強郵展，各僅約一千餘框，兩相比較，具見費城郵展規模之大。

首先談一談榮譽展出部分展品，此部分展品雖然框數不多，但多爲世界珍郵，價値連城。陳列於戒備森嚴的一間小房間內，有警察守衛。每日參觀者甚衆，須排隊等候甚久方能入內，並被禁止拍照。其中有英國皇家郵集中之珍品，例如維多利亞女王至喬治國王五世之間錫蘭郵票之精華，計五框，該項票品之展出，係經英國女王之核准。倫敦英國國立郵政博物館亦展出五框，內有美國唯一在國外倫敦印製之一八六二年五分郵票（傑佛遜、大衛像）、未發行之橘紅色一分郵票及其原始母版校樣，以及派任富蘭克林爲美國殖民地郵政總局局長函件之複印本等。摩納哥王子雷尼爾親王亦提供三框摩納哥早期珍郵及信封等展出。此外，美國稀罕票品及實寄封展出者亦屬不少，例如一八四七年發行的五分面值十六方連新票，十分面值六方連新票，該項郵票雖為普通郵票，但存世新票為數極少，故甚名貴。又一八六九年二角四分面值中心倒印四方連舊票，一九〇一年一分面值中心圖案輪船倒印二十方連新票，以及極為著名的一九一八年二角四分面值中心圖案飛機倒印之航空郵票四方連等，均於此次郵展中展出，上述美國票品均為雷蒙德·威爾公司（Raymond H. Weill Co.）所提供。至於榮譽展品中最為珍貴的郵票與實寄封，當推衆所熟知的英國屬地圭亞那（British Guiana）一分郵票，世稱郵票之王，在六年前，一九七〇年的身價即達二十八萬美元。後者則為模里求斯（Mauritius）於一八五〇年一月四日寄往印度孟買（Bombay）一隻實寄封，筆者承我國著名集郵家黃建斌先生告知，該隻信封於一九六八年在紐約拍賣所拍賣時他適在場，曾親眼看到以美金三十八萬元之高價，為雷蒙德·威爾公司所購得，拍賣底價則僅十五萬美元。

其次關於參加競賽部分展品又可分為兩類，其一為集郵票品，共計二七五二框。其二為集郵文學，包括：㈠集郵專著，㈡集郵專欄，㈢集郵定期出版物，㈣集郵目錄等。共計一五七件，陳列於一房間內之桌上。至於集郵票品則在展覽大廳內展出，按照票品內容分下列各類而排列：一、國際集郵協會榮譽票品八〇框，二、美國票品四七九框，三、英國國協票品四二四框，四、歐洲票品七一六框，五、拉丁美洲票品二二八框，六、世界其餘地區票品二八一框，七、航郵票品一八八框，八、專題票品二〇九框，九、其他四〇框，十、青少年票品一〇七框。

青少年票品則依展出人之年齡而分類：㈠十二歲至十三歲級，㈡十四歲至十五歲級，㈢十六歲至十八歲級，㈣十九歲至二十一歲級，㈤二十二歲至二十五歲級。

此次展出之中國郵票票品計四十六框，陳列在世界其餘地區票品部門。參加中國票品之展出人共計九位，內美國人三位，日本及瑞典人各一位，國內集郵家四位。美國人中有一位是艾樂利戴尼遜先生（Mr. Ellery Denison），爲美國中華郵學會會長，他此次展出七框，內容爲一八六三—一九二二年在中國客郵英、法、美、俄、日、德、意之郵戳等資料。日本爲水源明窗（Mizuhara Meiso），其票品爲中國一八七八年—一八九七年海關時期加蓋郵票、試模、樣票及信封等，共爲八框，其郵集中尙有我國珍郵紅印花小壹圓三枚，其票品後來獲得小金牌獎。至於國內四位集郵家參展的中國票品，計黃兼慈五框，吳樂園三框，張敏生四框，何連生三框。黃、吳、張三位都是我國早期的珍郵與實寄封等，均十分精彩。何君的展品則爲臺灣早期郵票及封卡等。此外，我國集郵家參加費城郵展的尙有二位，其一是石少東先生，他是我國集郵界前輩，久居美國，在美國集郵界亦著聲望，曾於六十三年邁阿密國際郵展中被聘爲評審委員。他的展品內容爲香港郵局發行郵票以前的郵政歷史資料，共計七框。另一位是在六十三年自強郵展中榮獲外郵組金牌獎的曹永達先生，他展出三框，是美軍佔領琉球時期改值十圓及百圓加蓋票、信封及郵戳等。

說到各國郵政送展票品，依照郵展當局通知，每一郵政僅能展出五框，且不參加競賽，指定陳列於各國郵政攤位之前。本局特製作下列票品五框參加展出：㈠從郵票看中美兩國友誼，㈡蔣夫人山水畫郵票，㈢繁榮的經濟，㈣古畫郵票，㈤古物及音樂郵票。

我們在費城郵展期間，儘量利用機會，與郵展各部門負責人員、各國郵政參加郵展代表、各集郵協會、集郵家、集郵報刊發行人、主編、記者等交往聯繫，贈送本局特製郵展資料袋，及臺灣特產品等小禮物，以增進情誼。此外並參加了各種交誼活動，首先報導一點我們參加郵展開幕典禮的情形。開幕典禮於五月廿九日上午十一時在郵展會場會議廳舉行，參加者至爲踴躍，幾座無虛席，有各國郵政代表，參展集郵家、郵商、新聞記者等約五百餘人。我國集郵家石少東、黃兼慈、吳樂園、張敏生及我國駐美大使館陶參事啓湘伉儷等均參與盛會。每人於進口處獲得一本印製相當講究精美的大型開幕典禮秩序單，單內並有黏貼美國開國二百年紀念郵票小全張之空位，設想相當週到。典禮由郵展會會長Mr. F. Burton Sellers主持，本局施副局長及筆者被邀坐在第一排，實爲我國之榮光。典禮開始時曾唱美國國歌，由神學博士R. T. Jones副主教領導祈禱，賓州區郵政總局局長Francis x Biglin致歡迎詞，並會同郵展會負責人剪綵，接著舉行美國郵政爲此次郵展發行紀念郵票的首日典禮，美國郵政總局副局長William E. Bolger及費城郵局局長Vincent J. Logan曾分別致詞，前者並代表郵政當局贈送郵展會紀念郵票冊。郵展紀念郵票放大圖案則於主席臺前陳列，以供出席者欣賞。開幕典禮最後在R. T. Jones副主教禱告聲中結束，會場氣氛相當熱烈而莊重。

五月廿九日晚上六時，在費城Fairmount公園一著名藝術博物館內，舉行郵展開幕香檳晚會，參加者多爲各國參展郵政代表及郵展會各部分負責人員，且大多攜眷盛裝與會，我國出席郵展代表施副局長伉儷，筆者與內子均參加，每人需繳費美金十五元。我們隨帶本局特製郵展資料袋一百餘份，分贈出席晚會貴賓，每人一份。因各國參展郵政均未準備，故本局分送之資料袋，就格外受到歡迎與重視。六月一日，我們參加美國及加拿大兩國郵政總局局長聯合出面邀請的發行富蘭克林紀念郵票首日典禮及午宴，典禮於六月一日上午十一時在郵展會場會議室舉行，由美、加兩國郵政總局局長共同主持，午宴則設於希爾頓旅館大跳舞廳內。六月二日晚六時，又參加義大利郵政舉行之雞尾酒會，亦設在希爾頓旅館內，應邀者均爲各國郵政代表及夫人，進入酒會會場時，義郵接待人員爲參加女眷胸襟上佩帶一朵紅色鮮花，增加不少親切感。

美國郵政部爲盡地主之誼，兼聯絡感情，特於六月三日備了一輛具有冷氣設備的大型遊覽車，邀請各國郵政參加費城郵展代表及夫人到華盛頓去觀光，由美郵政部聯郵處技術合作聯絡人Mr. Walter Zachariasiewicz 負責接待，此人爲波蘭籍美人，至爲熱誠，本局赴美考察人員，均承其照料，故局內同仁知者甚多。筆者與內子有幸應邀參與，遊覽車於三日上午八時自費城希爾頓旅館出發。是日風和日麗，正是遊覽觀光好天氣，費城至華盛頓相距一七五英里，有高速公路通達，公路兩旁之路牌與指標，似曾相識，幾經思索，原來國內臺北至中壢段新開闢之高速公路，沿途路牌指標等，無論尺寸大小，油漆顏色，均與美國所見者無異。公路上車輛雖多，但交通秩序井然。中途僅於某處休息停留二十分鐘，至十一時半抵達華盛頓。中午美國郵政部在其辦公大廈內歡宴各國郵政代表，下午坐車瀏覽各名勝古蹟，有林肯紀念堂、傑弗遜紀念堂、華盛頓紀念碑，並至阿靈頓公墓憑弔約翰甘廼迪總統及其弟勞勃甘廼迪參議員的墓園，兩甘之被刺，瞬已多年，世事變遷，實不勝感慨系之。又承美郵人員陪同至美國國會大廈參觀，國會正在開會議事，曾作壁上觀十五分鐘。進入國會議事廳並非易事，要事先允准，列隊進入前並須將身上之物，如照相機、女人手提包等放置門外，由專人看守，諒爲國會議員安全著想。華盛頓市容堪稱整潔，無十數層以上之高大建築物，據美郵導遊人員告知，爲使著名的國會大廈圓頂、林肯及傑弗遜紀念堂、華盛頓紀念碑以及白宮等建築物矗立空際，易於瞻仰觀光計，故政府禁止於華盛頓市區內建築摩天高樓大廈。當日下午六時，美郵政部又在四樓接待大廳以糕點飲料招待我們，食畢隨原車送回費城。筆者因已與美郵洽妥，於次日上午參觀美郵政部集郵部門，並擬乘便視察本局郵票經銷商閔卡斯在華盛頓之分店，故留在華府一夜，未返費城，當晚承陶參事啓湘兄伉儷在一中國餐館爲筆者夫婦洗塵，盛情可感。華盛頓市區一入夜晚，即成黑人世界，因在各機關辦公之白人於下班後，多驅車返回郊區住宅。市內治安欠佳，搶劫案時有發生，故外地觀光客於入夜後均不敢外出。

翌日上午又蒙陶參事親自駕車來旅館，陪同筆者至美國郵政部集郵部門參觀，其夫人則陪內子去白宮觀光。美國集郵業務係由郵票處（Stamp Divison）兼管，並未獨立成一單位。該處處長摩理遜先生（Mr. Marrison）與本局供應處潘處長晏星兄誼屬同行，時有函牘往返，有良好公情私誼，筆者離臺前曾特請潘處長致函介紹，故此次到美國郵政部去考察集郵業務，承摩理遜先生熱誠接待說明。筆者送其本局郵票冊一本及一幅以木片聯成的國畫，他對後者極爲欣賞，立刻懸掛在其自己的辦公室壁上，再三稱謝。美郵近年來對集郵業務之推展，不遺餘力，無論於郵票圖案之設計，郵票印製之改進，都有長足進步。郵票海報較本局所印者大四倍，紙張及印刷均極精美。其爲慶祝美國開國二百年而發行之紀念郵票、小全張、五十州州旗郵票等，多別出心裁，頗受集郵界歡迎，銷路暢旺。他們爲聽取集郵界、郵商、集郵出版物主編、集郵專欄作家等之意見，曾分別於華盛頓、芝加哥、洛杉磯等地舉行集郵座談會，廣徵周諮，俾收集思廣益之效。於全國各重要郵局營業廳設置集郵櫥窗，陳列集郵票品及出版物。此外他們於各學校集郵風氣之鼓舞，年青學子集郵常識之灌輸亦甚爲注意，編有集郵書刊，富有趣味性之集郵圖片以及集郵電影與幻燈片等，以培養集郵種子，均值我們參考借鑑。故此次參觀美郵集郵部門，收獲至爲豐碩。

三日下午與陶參事乘火車返回費城。由華盛頓至費城火車票爲美金十四元，售票窗口是一位老年婦人，用小型計算機計算售票款額及找零，動作其慢無比，雖排隊僅三數人，卻等了十來分鐘，眞急刹人，待購好票，飛奔月臺，步上火車時，火車即已開動，好險。在飛機及汽車交通逐漸改進情況下，火車顯已老舊落伍，致乘者不多，維持爲艱。四日晚上，我們應邀參加美國中華郵學會（China Stamp Society）之聚餐，宴會設在費城一中國餐館名叫快樂花園飯店（Happy Garden Restaurant）內，出席該會會員七十餘人，席開七桌，陶參事啓湘及我國集郵家石少東、黃兼慈、吳樂園、張敏生諸先生均與會。宴會由中華郵學會會長艾樂利、戴尼遜先生夫婦主持，曾至臺灣訪問之美國集郵家李華思·白培恩先生（Mr. J. Lewis Blackburn）及高順夫人（Mrs. Trude G. Korzyn）亦在座，晤聚至歡。筆者在宴會中曾應戴會長之請，簡短致辭，除感謝接受邀請外，特別指出一九七八年爲我國發行郵票百周年紀念，本局將舉辦大規模國際性郵展，屆時請在座各位支助與參展，以共襄盛舉。又說明臺灣爲一美麗寶島，氣候宜人，中國菜餚譽滿全球，如承蒞臨觀光，當盡地主之誼。會後各與會人員紛紛向筆者詢問該項郵展之計劃，多具濃厚興趣。筆者又乘機分贈郵展資料袋，亦頗受珍視。

本局此次參加費城郵展，承我國在美國郵票經銷商閔卡斯先生之多方協助，尤其本局在郵展會場設置之攤位，不論內部之布置，服務小姐之聘僱，票品之供應，以及與郵展會之聯繫等等，均承其熱心辦理。閔氏除負責本局攤位外，其自己在會場亦設有一間攤位，面積較本局大一倍，此外，他還須兼顧以色列郵政之攤位，因其亦爲以色列郵政之經銷商。所以在郵展期間，他忙碌得團團轉，他的太太、兩個女兒、大女婿以及孫兒等幾全部出動，幫忙照顧三個攤位，連其在費城分店人員亦在徵召之列。爲答謝其熱心幫助，本局曾於六月二日晚，假座費城China Town瓊華樓中國餐館宴請閔氏在郵展會工作的家屬，本局攤位服務小姐及其費城分公司人員。我們的美國友人對中國菜十分欣賞，那晚的菜餚幾乎個個碗底朝天，使爲主人的覺得樂在心裡，很有面子。

此次費城郵展之評獎，十分認眞，且早在進行。因爲評審委員有二十九人之多，其中美國籍者九人、加拿大二人、國際集郵協會及F.I.A.P.各一人、其他有墨西哥、西德、盧森堡、捷克、波蘭、瑞士、日本、義大利、印度、法國、英國、瑞典、委內瑞拉、葡萄牙、羅馬尼亞、比利時等國各一人，惜無我國國籍人士在內，致對我國參展集郵家自較吃虧。我們原先以爲石少東先生可能被聘爲評審委員，因他在美國集郵界頗有地位，但因其自己亦為參展人，故無法再做評審委員。此次郵展所設獎額至多，依照郵展會所印發之受獎人名冊內所列，共達六七一名。計有：大榮譽獎一名，榮譽獎七名，國際大獎、國家大獎、特別榮譽獎各一名，費城郵展獎二名，慶賀類大金牌獎六名，大金牌獎三十三名，慶賀類大銀牌獎十名，大銀牌獎一百四十八名，慶賀類銀牌獎三名，銀牌獎一百零一名，銅牌獎七十三名，榮譽狀二十一名，參展狀七名，特別獎四十一名。獲獎人以美國籍者為最多，尤其是幾個大獎，如大榮譽獎、國家大獎、特別榮譽獎等均為美國集郵家所獲得，美國人獲金牌（含鍍金牌獎）以上獎額者計有一百二十六人之多。。我國參展集郵家六人，石少東、黃兼慈、吳樂園、張敏生獲大銀牌獎，曹水達獲銀牌獎，何連生獲銅牌獎，雖然人人有獎，但無一人獲金牌以上大獎，頗有不心服者，蓋我國集郵家參展之中國早期郵集中，頗不乏上乘之作。

原載今日郵政第225期

美國之行(三)

任何郵展頒獎晚會，是參展人最重視亦最具興趣的節目，因爲參加郵展競賽票品，得獎與否，要在該項晚會裡宣布與頒獎。此次美國費城國際郵展頒獎晚會，於郵展閉幕前夕，六月五日下午七時，在費城市中心一家頗爲豪華的史丹福旅館內舉行。我國駐美大使館新聞參事陶啓湘先生於該日下午，即聽到得獎人名單已決定，爲期早日發電給國內報導佳音，曾向郵展當局探聽我國參展集郵家得獎情形，惜未獲提前透露。參加頒獎晚會，要事前購買入場券，每券美金三十元。雖然票價如此昂貴，卻不容易買到。陶參事臨時參加晚會之入場券，還賴本局在美國代銷郵票商閔卡斯先生之幾經設法始獲得。參加是日晚會的，有各國參展郵政代表、集郵家、郵商、美國郵政部官員、郵展工作人員、各國集郵社團人員、各報刊記者等約千餘人。本局施副局長伉儷、陶參事、我國參展集郵家石少東、黃兼慈、吳樂園、張敏生等諸先生，均參與盛會，閔卡斯先生則闔家參加。

七時至八時，爲雞尾酒會，大家在一大廳內，站立著互相握手寒喧，親切交談。橘子汁、汽水、可樂等冷飲，免費供應。欲飲白蘭地、威士忌等酒類者，則須另行付費。八時，大家進入另一會議大廳，開始正式晚宴。大廳四周牆上，懸掛美國國旗及各州州旗。正面舞臺上布置得富麗堂皇，臺之正中有費城獨立廳的布景，五彩燈光一閃一閃的。大廳內及二樓四周圍廊上都擺滿了圓桌，大家圍桌而坐，每桌坐十二人。施副局長伉儷與筆者夫婦坐在大廳內第六十六席，我國集郵家席次則設在二樓圍廊上，居高臨下，視線甚佳。宴會開始時，臺上演奏美國獨立革命時之歌曲，樂隊及歌唱者均穿著當時之服飾，引發觀衆懷古之心情。是晚菜肴堪稱豐富，並由侍者分送到各人盤內。九時許，開始頒獎，首由郵展會會長Mr. F. Burton Sellers 致詞，接著由郵展評審委員會主席Mr. John R. Boker 宣布評審結果，此時郵展會分送每位出席晚會人員郵展得獎人員名冊一本。金牌以上各大獎，當場由該評審委員會主席代表頒發。當受獎人趨前領獎時，大家予以熱烈鼓掌，受獎人本國同胞，更高聲歡呼，藉以共享榮譽。當晚由於金牌以上大獎名額衆多，頒獎費時，至深夜十一時始告結束。

施副局長與筆者此次奉派赴美第二項重要任務，爲於參加費城郵展之餘，順便考察本局在美代銷郵票機構。本局在美之郵票總經銷處爲環球集郵公司，其總公司設在紐約市西三十二街第一一六號六樓上，於美國各大城市設有分公司者三十四處。我們因限於時間，僅能視察其設在紐約、費城、華盛頓、波士頓、芝加哥、休士頓、舊金山等分公司七處。其分公司多設在當地最大百貨公司內，例如紐約、費城二處設在Gimbels 百貨公司，波士頓爲Jordan Marsh 百貨公司，華盛頓爲Woodward & Lophorp 百貨公司，芝加哥爲Marshall Field 百貨公司，休士頓爲Foley 百貨公司，舊金山爲The Emporium 百貨公司。承閔卡斯先生之事先通知與安排，我們至上述各分公司視察時，均由分公司經理接待說明。

六月六日，費城郵展結束，該日上午施副局長與筆者由費城飛紐約，閔卡斯夫婦等則乘汽車返回其紐約總公司。紐約機場有三處，其中以甘廼迪機場爲最大。我們由機場乘計程車至McAlpin旅館，需費美金二十五元之多。該旅館已相當老舊，惟因距閔卡斯總公司近在咫尺，又在市中心，交通利便，也就心安理得。次日上午，我們到對街閔卡斯總公司拜訪，上六樓，在其公司進門處兩旁走廊牆壁上櫥窗內，張貼有本局郵票海報。承閔卡斯先生親自歡迎接待，在其自己的辦公室內，還看到本局於去年聖誕節贈送的禮品，一對絲織故宮名畫椅墊，放置在沙發上，可見是項禮品爲其所欣賞。

六月七日上午，閔氏租了一輛遊覽車，邀請我們及其西歐友人，如以色列、西德、荷蘭等參加費城郵展郵政代表們，觀光紐約市區。紐約爲世界超級都市，摩天大廈林立，枚不勝數，較著名的有帝國大廈、世界貿易大廈、汎美大廈、聯合國大廈等等。帝國大廈與我們的旅館，在同一條街上，相距不遠。該大廈共一〇二層，高一、二五〇呎（三八一公尺），如將樓頂天線計算在內，則有一、四七二呎高（四四八公尺）。上帝國大廈頂層觀光，須購門票，每張美金一·六五元，坐電梯而上，轉瞬即達。自由神女像，矗立紐約港口哈得遜灣內，久所嚮往，去觀光須乘渡船，船票每人一·二五元，一小時一班，因參觀人衆，要排隊等候。我們於回程時，因脫了一班輪船，在島上碼頭，太陽下足足苦等了一小時。紐約雖爲國際大都市，但市容髒亂無比，滿街廢紙，較臺北猶尤過之。地下鐵道不如巴黎清潔，據稱治安亦欠佳。在紐約時我們曾去中國街一家成都飯店吃過一餐午飯，完全中國口味，價廉物美，尙覺滿意。在中國街曾邂逅本局前故聯郵處處長蔡尙華先生之公子蔡宗武先生。

六月八日下午五時，閔卡斯先生爲歡迎我們，特委託我國行政院新聞局駐紐約辦事處陸主任以正出面舉辦一項酒會，假座紐約市中華文化中心舉行，柬邀紐約市中外名流、集郵家及記者參加。閔卡斯先生在會場四壁展出本局所製英文說明「從郵票看中華民國」郵票展品數十框。是晚應邀到會者計有我國資深外交家劉師舜、中華公所主席余日焜、中華總商會會長李堅夫、主席黃浩然、會員簡彬泉、賓州大學榮譽教授顧毓琇、名教授翟楚、全泰勛、名畫家馬白水、牧師謝以信、紐約時報記者包信先生（Mr. Emile Boccian）、西德、荷蘭、以色列等國出席費城郵展郵政代表、集郵主管及閔卡斯先生夫婦、女兒女婿等百餘人，由江副主任德成代表陸主任接待，施副局長與筆者則在會場進口處歡迎貴賓，並分贈本局特製之郵展資料袋各一份。酒會所備點心是純中國式的，有燒賣、春捲、小籠包、饅頭、叉燒包等等，所有與會人員，均甚爲欣賞，尤其是外籍貴賓，更難得品嘗。由此又可見閔卡斯先生辦事設想週到之一斑，是項酒會費用並承由其負擔，令人感激。

八月九日，我們離紐約後，曾至芝加哥、休士頓、舊金山等地，視察本局郵票分銷處。因行程緊湊，在芝加哥停留二天，休士頓及舊金山則各僅留宿一宵。芝加哥位於美國北部，瀕臨密西根湖之南岸，爲僅次於紐約之美國第二大都市，街道之清潔則勝紐約。高樓建築亦後來居上。市內西爾斯高塔（Sears Tower），有一百十層，高達一、四五四呎（四四三公尺），較紐約帝國大廈尚高出八層之多，號稱世界最高建築物。李查·西爾斯（Richard Sears）是美國郵購事業的先驅，生於一八六三年，其大名目前在美國，可說已婦孺皆知，代表著數百億美元的事業。至於休士頓，是美國南端靠墨西哥灣的一個城市，以有太空中心而著名於世。該中心距休士頓市區乘車須半句鐘，免費供人參觀，每日遊客甚多。人類第一次登陸月球之太空船，陳列在那裡，供人憑弔。另有一輛與太空人在月球上駕駛過同一類型的特製汽車，據聞原車仍留在月球上。該車輪胎並非一般汽車橡皮輪船，而是鏤空的鋼絲胎。旁邊一玻璃櫃內，放置一副蓋輪板，據附註說明係太空人從月球上的汽車拆下攜回者。此外，太空人穿過的太空衣、頭罩、鞋子、以及日常用品、食物等等均予充分陳列，讓人參觀，頗富教育意義。

我們飛至舊金山時，承郵政儲金匯業局前退休儲金處處長陸谷樵先生及其二公子至機場迎接，盛情可感。次日並承陪我們去本局郵票分銷處視察，同時去觀光著名的金門大橋。該橋為一吊橋，係於一九三七年五月廿五日正式通車。兩端兩座橋塔距水面七四六英尺，兩橋塔之間距為四、二〇〇英尺。此一巨橋係用四根粗大的鋼纜支持，每根鋼纜長達七、六五〇呎，直徑為九二、四公分，內用二七、五七二根細鋼絲組成，重量二四、五〇〇噸。工程之偉大，令人嘆為觀止。人站立其上，感到十分渺小。橋面寬闊，來往車輛不絕。由橋上一邊，可遙望浩無邊際的太平洋，另一邊則為美麗的金山灣，碧波上白帆點點，使人心曠神怡，確為觀光遊覽的好去處。舊金山在一山坡上，市區道路高低起伏，有時坡度甚大。纜車（Cable car）為舊金山一大特色，有點像上海的電車。上車買票，票價不論路程遠近，一律美金五角。據陸處長告知，舊金山為一敬老都市，年滿六十歲者，處處受到尊敬與優待。坐纜車票價只須十分之一，看電影亦可享受半價，是以陸處長退休後在舊金山居住，可謂得其所哉。

我們在美國曾看過閔卡斯在費城、波士頓、華盛頓、紐約、芝加哥、休士頓、舊金山等分公司七處，所獲得的一般觀感，是他們對本局發行之郵票、封卡及集郵書刊如中國郵票圖鑑、中國郵票目錄等，均陳列在顯著地位。各郵票均標明美金售價，多與國內郵市價格相若，亦有較高者，例如新年雞票國內郵市價格每套僅新臺幣二五〇元，而他標價美金一二元，高出甚多。茲爲供國內集郵人士之參考，特將我國郵票在美國售價及國內郵市價格作一比較如下：

蔣總統勳業郵票美金二·五〇元（國內新臺幣一二〇元）；蔣夫人玉照郵票美金四·〇〇元（國內新臺幣一五〇元）；蔣夫人山水畫郵票美金一·四〇元（國內新臺幣三八元）；新年狗票美金二·五〇元（國內爲新臺幣八〇元）；清明上河圖郵票美金三·〇〇元（國內新臺幣一〇〇元）；古物郵票十八全美金二四·七五元（國內新臺幣七〇〇元）；十駿犬古畫郵票美金二·〇〇元（國內新臺幣一二〇元）；百駿圖古畫郵票美金一·九五元（國內新臺幣八〇元）；鳥類郵票美金三·〇〇元（國內新臺幣一二〇元）；魚類郵票美金二·〇〇元（國內新臺幣八〇元）；獸類郵票美金一·一〇元（國內新臺幣四〇元）菇類郵票美金〇·九〇元（國內新臺幣三五元）。各分公司出售本局郵票種類達七十餘種，雖亦代售各國郵票，惟據各分公司經理告知，我國郵票甚受集郵人士歡迎，銷路尙佳，其中尤以古物、古畫及臺灣魚類、鳥類等專題郵票，購者較多。本局此次發行之慶祝美國開國二百年紀念郵票，至爲暢銷，因此項紀念郵票爲世界大專題郵票，各國郵政多有發行，欲收集齊全者，勢須購買本局發行者，惟我國此項紀念票，每套面額僅新臺幣十二元，認為稍嫌偏低。又彼等對本局已往發行之人像或名人郵票，除　國父、總統蔣公及蔣夫人像郵票，國外人士多知為舉世名人外，餘如李白、屈原、杜甫、抗日英烈等郵票，則多未明瞭其為何許人，如對其生平事跡有簡略說明，當可增加銷路云云。我們雖告以已於集郵報導內敘述，惟仍有研究改進必要。又各分公司多希望新郵預告、集郵報導、海報以及郵票等能早日寄到，俾能及時準備，充分宣傳，以利業務。

最後，筆者以此次赴美所得觀感作為本文結尾，謹略陳數端於左：

一、本局此次應邀參加美國費城國際郵展，在郵展會場懸掛我國國旗，租設攤位出售我國郵票及分送宣傳資料，於促進中美友誼，加強國際宣傳，均能達到預期目的，嗣後類此國際性郵展，宜儘量繼續參加。

二、美國集郵界籌備此次大規模國際郵展，歷時數年，各項準備工作，相當充分與完備。民國六十七年，為我國發行郵票百年紀念，本局擬按照國際慣例，舉辦大規模國際性郵展，以資慶祝。此次美國費城郵展各項措施及資料，頗多值得借鏡參考者：

㈠郵展手冊內容豐富，分印英、法、德、西四種文字，開幕典禮秩序單、展品目錄及受獎人名冊等，印製精美，圖文並茂。

㈡榮譽展品中均為世界最珍貴之票品，足資號召，招徠觀衆。

㈢美國郵政於郵展會場設置專收寄實寄封信箱九具，每日收攬一具，於信件上所蓋紀念戳圖樣，每日不同，而於信箱前繪明，此項圖樣係經公開徵求。展期每過去一天，即撤去信箱一具，以免公衆誤投。

㈣於郵展會場設置攤位，租供各國郵政及郵商使用，既可增加收入，充作郵展經費，且各攤位內佈置，多別出心裁，各具特色，多彩多姿，足爲郵展增加聲勢。

㈤參展票品均經事先審查，水準較高，舉行評獎，頒發獎品，可提高參展人之興趣。

㈥出售之長期門票，爲一小冊，類似護照形式，上貼持票人照片，內附空白紙數十頁，供黏貼票品及加蓋紀念戳，凡於郵展會場設攤位之郵政，如繳付美金二百元，即以長期門票內空白紙一頁上方加印該郵政之國名，備購票人至其攤位購貼郵票及加蓋紀念戳。郵展當局曾事先函詢設攤位各郵政是否參加，並特別說明，如荷參加，將保證有二萬五千人至攤位購票蓋戳。結果設攤位卅六個郵政，有卅五個參加，包括我國在內。

三、我國郵票在國外市場，經十數年來於主題選擇圖案設計及郵票印製等方面不斷改進，已逐漸建立聲譽，今後於郵票主題上如多發行能代表我國悠久歷史文化之古物、古畫郵票，以及臺灣珍禽異獸，特產手工藝品等專題郵票，則國外集郵業務仍有進一步發展餘地，於國際宣傳及營業收入，均將有所裨益。

原載今日郵政第226期

巴拿馬運河

巴拿馬運河，位於中美洲的巴拿馬，爲太平洋與大西洋間往來船隻航行的捷徑。如無此運河之開鑿，即要繞道南美洲極南端的合恩角，須多行駛甚遠航程，於航行時間上之縮短，油料及金錢上之節省，何可以道里計，對世界水路運輸，實有巨大的貢獻。因此，巴拿馬運河，聞名於世。

此次奉派赴巴拿馬舉辦中華民國郵票展覽，有機會親眼目睹此一著名運河，至感欣幸。郵展於九月八日下午五時結束後，在當晚即將展品全部拆下，依次序裝在紙箱內，並予封裝完妥，預定於九月十日乘美國BRANIFF航空公司班機，帶往南美厄瓜多基多市繼續展出。九月九日有一天閒暇的時間，觀光巴拿馬運河區。該日上午九時，去我國駐巴拿馬大使館致謝及辭行後，承我駐巴國農技團蘇團長朝鴻先生親自駕車，帶筆者及戴德兄去運河區觀光，看到船隻通過運河及水閘操作等過程。是日適逢天氣晴和，車行不到二十分鐘，即抵達運河觀光區，入內有門警守衛，但可自由進入，不收門票，並不禁止拍照攝影。登上觀光台，有播音員分別以英語及西班牙語說明運河開鑿歷史及船隻通過運河詳細情形，使觀光客了解。

說到巴拿馬運河開鑿歷史，要遠溯到一五三四年，西班牙卻爾斯王五世，命令在巴拿馬尹斯美地峽（Isthmus）測量開鑿一條運河，但三個世紀過去了，此項命令並未執行。到一八八〇年，法國勞工開始開鑿運河，工作了二十年，由於疾病及財務上等困難問題，亦未成功。至一九〇三年，美國與巴拿馬簽訂條約，在巴拿馬尹斯美（Isthmus）建造越洋運河，次年以四千萬美元之代價從法國運河公司購得開鑿運河之權利與資產。美國自一九〇三年起十年間，共花費三億八千七百萬美金，投資於運河企業則達十億美元之鉅，但目前已收回成本約三分之二。

建造巴拿馬運河，涉及三個主要問題，即工程方面、環境衛生方面及行政組織管理方面。此三項問題之解決，要歸功於三位專家，工程及行政管理是約翰·斯蒂芬絲（John F. Stevens）及喬治·高賽爾上校（Col. Goerge W. Goethals），環境衛生是威廉姆·高蓋上校（Col. William C. Gorgas）。

巴拿馬運河全長為五十英里，從西北通到東南，北面大西洋入口處長三三·五英里，西面太平洋入口處長二七英里，兩處入口間之航空里程為四三英里，橫跨南北美洲兩大陸間。開鑿運河之丘陵山區，當初之高度超過海平面三百十二呎。一條船通過運河所需之時間，平均為九小時，每天平均通過三十八條船，船上乘客可以觀賞船隻通過運河之奇景。大西洋一邊海平面長度為六又二分之一英里，運河區之寬度為五百英尺。船通過運河需經過三段水閘，每段水閘之寬度為一一〇英尺，長度為一〇〇〇英尺。水閘之兩端設有兩扇電力操縱的閘門，閘門係鋼製，重三百九十噸至七百三十噸不等，開閘門須有一四〇匹馬力，所需時間約二分鐘。兩段水閘門的水平面差額為八十五英尺。一艘輪船通過運河水閘時，係用六輛電拖車拉船身慢慢前進，岸之兩旁各有三輛，分配在船之前、中、後，船尾之二輛，其功用係將船身維持平衡，勿使撞及兩岸。

巴拿馬運河自一九七九年十月一日起成立管理委員會，以代替巴拿馬運河公司。該委員會設委員五人，其中美國籍者三人，巴拿馬籍者二人，主任委員爲美籍，副主任委員則爲巴籍。該委員會有八千員工，大部分爲巴拿馬人。依照美巴兩國於一九七七年九月七日在華盛頓所簽訂之條約規定，巴拿馬運河之主權將於一九九九年十二月卅一日移交給巴拿馬共和國所有。

第一艘通過運河的船名叫安康（SS ANCON），於一九一四年八月十五日通過，距今已有六十六年。在一九七九年一年之中，通過運河的船隻共達一四、三六二艘，其中一三、〇五六艘屬於海洋級輪船。該年通過運河船隻所帶運之貨物總計一五四、四七六、〇七九噸，繳付運河通行費達美金二〇九、五一九、九七四元。在第二次世界大戰以前，通過船隻最多的一年是一九三九年，總計七、四七九艘。已往通過運河最長的輪船是MARCONA PROSPECTOR油輪，計船長九七三英尺，船寬一〇六英尺。最寬的輪船是U.S.S.NEW JERSEY船寬爲一〇八英尺。最大的客輪是伊麗薩白二世皇后號。計船長九六三英尺。寬一〇五英尺。繳付運河通行費數額最多的一條船，亦爲伊麗薩白二世皇后號，係於一九八〇年一月二十五日作第七次通過運河時，繳付美金八九、一五四·六二元。繳付通行費數額最少的是李察·哈利波頓（RICHARD HALLIBURTON），他於一九二八年游泳通過運河時，繳付通行費美金僅三角六分。該項運河通行費，自一九七九年十月一日起每噸自美金一·三三元增加爲一、六七元。

一條船通過運河的時間，平均要八·三小時，最快的一次，是於一九七九年六月，有一條美國海軍軍艦名叫飛馬號（PEGASUS）的，僅花了二小時四十一分鐘。

我們那日在巴拿馬運河，親眼看到一艘懸掛希臘國旗的輪船DESPINA MIHALNDU號通過運河二段水閘的情形，起初，兩段水閘的水位相差很多，其後低水位的一段水閘，水位慢慢升高，約十分鐘，兩段水閘間水位齊平，中間閘門開啓，岸之兩旁，六輛電拖車將船慢慢拉進第二段水閘，等到船身全部進入第二段水閘時，閘門關閉，第一段水閘之水位又告下降。閘門開關的時間約需二分鐘。

原載郵人天地第129期

赤道國厄瓜多

厄瓜多為南美洲西北角一個小國家，瀕臨太平洋，與哥倫比亞、巴西及秘魯等國相接壤。面積二十八萬方公里，僅及巴西三十分之一，但比臺灣大七、八倍。人口約六百萬人，則只有臺灣三分之一。因地居赤道線上，故有「赤道國」之稱。首都為基多（Quito），亦有「赤道市」之雅譽，位於半山上，海拔二千八百五十公尺，空氣較為稀薄乾燥，初抵之人，胸部會稍感不適，易流鼻血。但氣候良佳，每天都是藍天白雲，晴空萬里。基多市人口約二十餘萬，為全國第二大都市，有新舊市區之分。新市區道路寬闊平坦而整潔，舊市區則較狹隘髒亂，且路面高低起伏，有如美國舊金山。交通要道或十字路口，有交通警察指揮交通，他們站立的崗亭外邊，都是KODAK的廣告，可能為該照相公司出資捐助者。基多市治安良好，未聞有搶奪案發生，惟臨街住戶門鎖多堅固巨大，有在大門上裝鎖多達四具者，又使人難解。舊市區教堂林立，建築率多雄偉，門窗雕刻細緻，藝術水準極高，不亞於歐西各國之教堂，故有稱為世界第十二大藝術文化城市之一。清晨六時，各處教堂鐘聲此起彼落，似催人早起者，有時在睡夢中為鐘聲所驚醒，則別有一番滋味。厄國文化不高，人民以印第安人居多，白人次之。年輕少女多熱情，美麗大方，聽說男女關係相當隨便。厄國的汽油可能是全世界最便宜的，每加倫僅厄幣（Sucre）四·六元，厄幣與美金的官方折合率為二十六對一，所以一加倫汽油只要美金〇·一八元，比美國也低廉得多。但計程車費並不便宜，車內無計費錶裝置，上車前須先講好價錢，至少需厄幣三、四十元。

厄國的地球中心是觀光客所嚮往的，九月十四日上午九時半，承我國駐厄瓜多遠東商務處胡秘書正堯先生，駕車來旅館，接我與戴德兄到離基多市二十多公里的地球中心去觀光，同車的尚有新近來自臺灣的同胞，異國相見，倍感親熱。一位是林政民先生，臺南市人，現在厄國陸軍軍官學校擔任跆拳道教官。他說厄國軍隊僅千餘人，但待遇甚高，陸軍少尉，薪餉就有厄幣（Sucre）約一萬五千元。就讀於軍官學校者多為高官或有錢者子弟。另一位是被厄國禮聘充任女子排球教練的謝淑明先生，曾任臺北體專講師。由林謝兩位，可知我國對中南美各國，不僅是貿易上之輸出，且為人力技術上之輸出。厄國郊區公路寬闊平坦，有似我國之高速公路，兩旁為綠油油的山林，景緻不錯。抵達地球中心點，有一地球中心標誌碑正在建築之中，據悉上面將為一巨大圓形地球。地球中心點位於赤道線上，沿赤道兩旁砌兩條石子線，相距約一公尺。於地球中心赤道線地面上書寫「SN」兩個大字，S指赤道之南，是南半球，N指赤道之北，是北半球，我們曾以兩腳跨在南北半球上，實為頗有紀念意義之舉。該地有一特產館，出售地球中心標誌碑模型及紀念信封等，我買了幾個繪有地球中心標誌碑的鎖匙鍊及信封等，留作紀念。又有出售厄國特製之毛衣毛毯等小販，亦購了幾件，俾贈送親友。沿途及市區內到處有油炸豬骨頭肉出售，諒為厄國人所喜愛，該項豬骨頭肉味確不惡。迨我們回到基多市區，已近旁午，承胡秘書請我們在「華苑之家」中國餐館吃麵，飲智利葡萄酒。我與戴兄已好久未嚐到闊條的北方麵，吃來過癮之至，連吃兩大碗。飯後又承胡秘書駕車至一山上，瞻仰巨型女神像，高約百公尺，與美國紐約港口自由女神像相若。頭戴十二顆星形的環冠，背生雙翅，右手上揚，左手持一巨大鐵鍊，鎖住一條形如龍的蟒蛇，雙足踏在蟒蛇上，蛇則盤在一圓形地球上。女神面貌姣美，姿態栩栩如生。據胡秘書告訴我們，厄國原多地震，自被此一少女降住巨形蟒蛇後，即無地震發生，國泰民安，因此尊之爲女神，塑此巨形像崇拜，現爲基多市主要名勝之一。惜厄國不知重視觀光事業，上山公路爲碎石路，高低不平，女神像附近環境衞生亦不佳，髒亂異常，實屬可惜。

厄國除汽油價格甚爲低廉外，皮貨亦便宜，一件上佳皮茄克，約美金六十餘元，一件麂皮西裝上衣，美金八十餘元即可。厄國主要語文爲西班牙文，會英語者甚少，即旅館、餐廳能懂英文者，也寥若晨星。厄國郵政不兼辦儲金匯兌業務，郵政機構及信筒信箱並不普遍，用郵相當不便。厄國郵政總局爲一棟三層樓建築，頂樓有一間陳列著厄國歷年來發行的郵票，供人免費入內參觀，厄國第一套郵票發行於一八六五年，較我國猶早十三年。據胡秘書告知，基多市華僑僅二百餘人，因之中國餐館不多。筆者與戴德兄因不諳西班牙文，對於一日三餐吃的問題，常常發生困難。有時不得不指手劃腳，以協助言語上之溝通。後來發現一家自助餐廳，我們經常去光顧，解決不少困難。基多市的自來水不能飲用，旅館中不供給茶水，當地氣候又十分乾燥，常覺口渴難熬。厄國雖亦有電視，但不普遍，我們所住旅館算已具相當水準，仍無電視機之設備，在臺灣屋頂上電視天線林立，而基多市則寥寥無幾，由此可見國民生活水準之一斑了。

原載郵人天地第130期

記荷蘭小人城

荷蘭厤豆鹿丹地方有一小人城，馳名遐邇，爲重要的觀光所在，每逢星期假日，車水馬龍，遊人如織。入內參觀，須買門票。進去時首先映入眼瞼的，是一座海港，有豪華巨輪兩艘停泊港內，另有一船及遊艇數艘往來水上，岸上有倉庫、起重機、鐵道等碼頭設備，附近還有工廠及高大的煙囪。港口矗立著一座燈塔，不時閃著光。港埠不遠處有飛機場，停著各航空公司各種類型的噴射客機，有的甫行降落，尙在滑行，候機室建築雄偉，殊不遜於我國松山機場。機場附近則爲一片廣大的牧場，紅白相間的牛群散佈各處，牧場主人屋舍儼然。牧場水溝旁有荷蘭特色的巨型風車點綴其間，成十字形的風翼尙在隨風轉動，構成一幅美麗的圖畫。

進入市區，則街道縱橫，房屋櫛比，紅磚黑瓦，白色的窗欞，屋頂煙囪處處。街上行人，有男女老幼，各種姿勢具備，人行道樹木蔥鬱，街燈排列整齊，十字路口，紅綠燈閃耀。教堂尖塔，高聳入雲，傲視儕輩，入教堂做禮拜者絡繹於途，塔頂鐘聲淸晰可聞。此外尙有巍峨的皇宮及機關學校等等建築。學校操場內各種運動場地和器材，無不具備。至於在富豪別墅內，並有庭園亭台之勝，也有白瓷磚砌成的游泳池，穿泳衣的男女，於池畔或坐或卧。花園內擺有桌椅，有坐著談天者，也有卧在草地上晒日光浴者。再向前行，則到一山區，茂林修竹，蒼翠欲滴，山間並有公路鐵路通達，火車、汽車及摩托車等往來行駛其間，這些車輛，或經過高橋，下臨深淵，或穿越隧道，隱沒山下。兩山之間，並有高架纜車滑行，有坐人遊覽者，也有專運木材者。最後，到一湖畔，水色清碧，中有摩托小艇成S形來回航駛，艇上有人作駕駛狀，穿比基尼泳裝曲線玲瓏的美貌少女則拖在艇後滑水，所過之處，水花四濺。

總之，小人城內，港埠、機場、牧場、宮殿、教堂、學校、房舍街衢，乃至輪船、飛機、車輛、風車，以及人物等等，無一不是維妙維肖，具體而微，與眞實無異，設計者匠心獨運，引人欽佩。置身其間，幾疑到了鏡花緣中的小人國，因小人城最高建築，僅高可及人，眞趣味無窮，所以遊人多攜帶子女前來觀賞，蓋除賞心樂事之外，兼具有教育的意義。（五月廿六日寄自比京）

原載民國五十七年六月六日中央日報副刊

記比京剛果博物館

筆者到比京布魯賽爾後，就聽說剛果博物館內陳列著非洲珍禽異獸的標本甚多，頗值一觀，因此利用一個假日，前往一觀究竟。比京剛果博物館的正式名稱，應爲皇家中非洲博物館，但因該館內所陳列者，多來自比屬剛果，或與剛果有關，因此一般比利時人，都習稱剛果博物館。該館外形頗似我國臺北市新公園內的臺灣省立博物館，屋頂中間也有一個半球形的圓頂，惟建築則較雄偉。館後面是一個廣大的公園，綠草如茵，中間尙有一湖，游魚無數，爲假日郊遊絕好的去處。

該館係免費開放，陳列的部門，有剛果的動物、植物、礦物、地質及人類學等等。一進門，在左方，就爲一個裝有霓虹燈的特製鏡框所吸引，光耀奪目，與衆不同，走近一看，原來是一張我國前清總理衙門於光緒二十五年發給比屬剛果費大臣禕前往甘肅省遊歷的護照，足有二尺寬，一尺半高，雖事隔六十餘年，但白紙墨字，朱紅的大印，仍極清晰。此種護照，即在國內也是不易見到的，所以筆者頗有不虛此行之感。鑒於該護照於史學上或有參考價值，特抄錄於下：「

護照

大清欽命總理各國事務衙門爲給發護照事茲准大比國賈署大臣函稱本國人費禕前往甘肅省游歷請

給護照並攜帶行李等件所過關卡務須放行等因爲此繕就漢文執照一張交順天府蓋印訖發給剛果國費大臣凡經過之處各該地方官均即查驗放行照約保護不得稍有疑阻以敦睦誼須至護照者

光緒二十五年九月廿四日

右送剛果國費大臣收執」

殆筆者於月餘後第二次臨該館欲拍攝該護照時，芳蹤已杳，不勝悵然。

至於剛果博物館內陳列的動物標本，多不勝舉，除習見的動物如獅、虎、豹、象、猩猩、猿猴、長頸鹿、斑馬等以外，尚有罕見的犀牛、河馬、海象……等，即同樣的動物，其形狀與國內所見者亦不盡相同。昆蟲方面則有奇形怪狀大小不一的蜂、蝶、蟻、蚊、蝗蟲、蜈蚣、天牛等等。各種標本，多製得栩栩如生，或爬在樹上，張牙舞爪，或作弱肉強食姿態；或在巨大的玻璃框內布置成一森林狀，各種猛獸出沒在叢草之間，互爭雄長；或築成海灘狀，鱷魚、龜鼈及毒蛇等爬行其間。變化多端，各盡其妙，率能引人入勝。此外尚有剛果土人所用的陶瓷器皿、桌椅、服飾、刀劍、弓箭、斧鋤、面具、雕刻，乃至捕魚器材等等，可使人瞭解土人的日常生活之一斑。在一大廳中，尚陳列著一隻長大無比的獨木舟，足有十餘丈長。另有一館，專陳列著比國曩昔經營剛果的先賢功勳們的雕像，圖片、勳章和旌狀等，以及有關的旗幟、刀劍、槍炮，還有歷來在剛果發行的錢幣、軍票等等，比人參觀至此，見祖先創業之維艱，足以激發其愛國心，並加深其對先賢功勳們的懷念和敬仰，所以該館之免費開放，似非無因。其他如剛果的植物、礦物、地質及人類學等陳列部門，筆者因限於時間，無暇細觀，故略而不記。

原載民國五十七年六月十四日中央日報副刊

布魯賽爾所見

布魯賽爾為比利時的首都，人口百餘萬，與改制前的臺北市相若。二次大戰後，由於該城並未遭受兵燹，故市面繁榮，居民殷富，治安良好，現為歐洲共同市場的中心。自一九五八年於該城舉行世界博覽會後，聲名益著，有「小巴黎」之譽。

該城街道寬闊而整齊，每條主要馬路兩旁大都植有樹木，繁密茂盛。人行道上除間有類似我國公車售票亭的書報攤以外，並無攤販阻塞。汽車甚多，幾首尾相接，川流不息，大街小巷、路的兩旁、多停滿汽車，因一般住家，多無車庫設備。自行車幾已絕跡，摩托車亦屬罕見，計程車沒有臺北多，但車資較貴，還要付加二成以上的小費。車輛雖多，但人人都守交通規則，故秩序井然，尚少交通事故發生。行人穿越馬路如非在斑馬線，及按照紅綠燈指示，非常危險，因車行極速之故。

市區內公共交通，有電車及公共汽車兩種，地下電車正在建造之中。車票在車上零買，每張要七比法郎（合新臺幣五元六角）如在雜貨店代售處買整張的，可用十一次，僅五十七比法郎，車票可在電車及公車上通用，街上沒有像我國那樣的售票亭。電車及公車的車掌絕大多數是男人，態度親切，乘客向他買票或提示車票剪洞，多向你說聲「謝謝」，看不到晚娘臉孔。乘客上車後都習慣向前走，並不擁塞車門，年輕人多站立，即有空位，也不爭坐，坐位都讓年老及婦幼輩。

其次，電車及公車，處處爲乘客著想，處處顧及乘客的便利，譬如車門已閉，車子將開，偶遇乘客趕至，敲門即開，不會給人嘗閉門羹。電車車門的開關，係由車掌按鈕用電氣控制，乘客如欲在次站下車，只須在坐位上按一電鈕，即有「叮」的一響，同時有紅燈指示，似較臺北市的公車拉電鈴線高明些，因電鈴常常不響，失去作用。電車、公車及遊覽車車廂內兩旁的玻璃窗，下部都做固定，不能開啓，僅上半扇可開少許透風，其目的乃在保護乘客的安全，防止頭手伸出車外。

一般車輛在街上行駛，很少按喇叭，商店及住戶的收音機等，也沒有開得太響的，故市內噪音甚少，僅間有救護車、警備車及救火車等經過時所發出「咕啦」「咕啦」刺耳的怪聲，這些車輛的車頂並有能旋轉的紅燈，一般車輛都要禮讓三分，它們還可以闖紅燈。比國機關學校多無交通車，即公務小轎車也很少，像比京郵政管理局僅有一輛轎車，供局長副局長等公務使用。

比京各商店的貨品，每件都標明價格，不討價還價，省去不少麻煩。但各物的價格，則比臺北貴得多。到商店購物，一定要依先後次序，如果爭先，店員亦不理睬，有時還會賞你白眼。其他如上郵局寄信，車站買票，都得依次排隊，絕不可爭先，以免給人瞧不起。比京的電影院，規模不如臺北，售票窗口多僅一個，隨到隨買，既不劃座，也不清場，沒有像臺北，有數百人爭買影票的偉大場面，更無黃牛，票價至少要五十比法郎以上，還得付領坐位的小費一成，不領亦得給。

比京建築物最高的有三十幾層，一般商店及住戶多在四層以上，高樓大夏如雨後春筍般在建築。

故房荒不如臺北嚴重，貼在玻璃窗上出租或出售的紙條，隨處可見。房租亦不昂貴。一般房屋內部的設備，可稱得上舒適，每家都有熱水汀，地板上多舖地毯，牆上貼的是美麗壁紙，窗帘都習慣用白色薄紗。在住宅區，每家門前總有一個小花園，種些鬱金香及玫瑰花之類，美化環境不少。比京治安良好，民風淳樸，小偷、乞丐等幾乎沒有。窗戶多無鐵花窗的設備，即各大商店大玻璃窗外也多未裝置鐵柵門，貨物在橱窗內過夜，不虞失竊。旅館裡沒有軍警來查夜。

談到吃的方面，則遠不如我國，比人乃以營養爲主，菜的味道自不能與中國菜相提並論，每餐少不了牛、豬排和洋山芋等，麵包則既冷又硬，但牛奶及啤酒價格低廉，尤以啤酒每小瓶僅約新臺幣六元，味亦不惡。比京大街上也有露天咖啡座，可以坐著一面喝咖啡，一面欣賞街景。市內中國菜館有不少家，價雖稍昂，但因味道精美，頗能獲得外國人的賞識，故生意不惡。

比京市容堪稱整潔，樹木甚多，塵灰甚少，空氣尙不污濁。全市看不到一隻垃圾箱，每家的垃圾係用有蓋的塑膠桶或大紙匣盛裝，於深夜放置門前，於次晨由市府裝運垃圾的特製大貨車，沿街收取，乾淨俐落，聽說巴黎亦係如此，似頗値我國市政當局的參考，因爲垃圾之處理，與市容之維持，實有很大的關係。

除了公園、池湖、雕像以及外表灰黑古舊的教堂，點綴市內各處外，較聞名的有比京裸體小兒撒尿像，臺北市圓山兒童樂園內的一座似即係模仿比京的。每日前往觀光的旅客不在少數，有時小兒身上會穿上一套海軍制服，如碰巧還可以看到鴿子喝小兒撒出來的尿（其實是自來水）美妙的鏡頭。其他如比國開國五十週年時所建的大城門，外形頗似巴黎凱旋門，亦值一觀，至一九五八年世界博覽會遺留下九個巨大原子球的建築，現亦爲比京名勝之一，球與球之間可以相通，並有電梯直上球頂，但要門票八十比法郎。

此外，比京的博物館不下廿家，規模都不小，較著名的有：㈠皇家古藝術博物館，陳列著十五十六世紀的名畫，其中尤以名畫家魯班斯（P.P. Rubens）的油畫最爲傑出。㈡皇家中非洲博物館，陳列著比屬剛果的珍禽異獸的標本甚多。㈢皇家軍事博物館，則陳列有古今各種兵器及軍人的服裝旗幟等等，包羅萬象。其他尚有市立博物館、歷史文化博物館及郵政博物館等。

到比京的中國人，似應去看一看中國博物館，因該館的建築爲一具有我國寺廟格調的建築物，雕樑畫棟，綠瓦飛簷，門前還豎立著兩根刁斗式的旗桿，即在臺灣亦不易看到，館內陳列著的全是我國歷代的陶瓷器皿。比京各博物館的門票大多爲五比法郎，但也有免費開放的，如中非洲博物館、古藝術博物館及軍事博物館等。

又比京近郊的滑鐵盧，是拿破崙於一八一五年被英將衛靈吞所率領的聯軍擊敗覆亡的地方，也值得去憑弔一番，由比京乘汽車二十分鐘可達。滑鐵盧爲一座小山，有石級二百二十五級可攀登山頂，上面有一隻鐵製的雄獅盤踞在那裡，據山上石碑記載，拿翁率領的軍隊僅七萬九千人，而衛靈吞統率的聯軍卻有十二萬三千人，無怪拿翁要遭滑鐵盧了。在山上向四周瞭望，是一片無邊的綠色平原，是即古戰場的所在地耶，不禁令人興思古之幽情。山下有拿翁的博物館二座及古戰場實境的圓形大模型一座，入內參觀，都要十比法郎的門票。

原載民國五十七年八月十七日中央日報副刊

歐洲四國十二天之旅

時光易逝，筆者夫婦屆齡退休，瞬已數載，趁此古稀殘年，體能尚可時，想多外出旅遊，以無負此生。我倆曾去美國多次，但歐洲迄未光顧，而後者之歷史、文化，遠較美國爲深厚，名勝古蹟，值得觀光之處亦多。本年六月中旬，筆者夫婦有幸追隨郵政退休好友謝焜煌江清泉兩對伉儷，共同參加金寶假期旅行團，作歐洲法、瑞、義、奧四國十二天之旅，遊覽法國巴黎、瑞士盧森、義大利米蘭、比薩、羅馬、佛羅倫斯、威尼斯及奧地利維也納等城市，是時歐洲氣候溫暖適宜，深感愉快，在人生歷程上已留下美好回憶及珍貴之一頁。茲將此行觀感所得，簡述於下，或可供同仁今後遊歐之參考。

此次遊歐旅行團共三十五人，費用每人新台幣伍萬二千五百元，六月十五日由台北啓程，同月廿六日返回。往返均乘坐長榮航空公司班機，該公司創辦未久，航機較新，去時由台北直飛巴黎，中途僅在沙國杜拜機場暫停加油，回程由維也納返回台北，亦只經停曼谷一處，因而較爲快捷。長榮班機乘客絕大多數爲赴歐旅遊之台灣觀光客。我們於六月十六日晨六時半（當地時間）抵達世界著名花都巴黎後，由旅行團事先安排大型賓士牌遊覽車一輛，除分遊巴黎各處名勝古蹟外，嗣後十天均賴該車按照行程行駛上述四國各大城市，遊覽車裝潢豪華，有冷氣設備，歐洲各國間，公路多平坦，路況良佳，乘座十分舒適，兼可領略欣賞公路兩旁美麗的田園風光，使人心曠神怡。

巴黎是我們首站旅遊之地，值得觀光之處極多，最膾炙人口的如愛費爾鐵塔、凱旋門、聖母院、協和廣場、拿破崙墓及羅浮、凡爾賽兩皇宮等處，均留有我們的足跡，因限於時間，未能登臨鐵塔及凱旋門瞭望爲憾，香謝里榭大道露天咖啡座亦無暇享受，爲美中不足。羅浮宮及凡爾賽宮倒進入參觀了。羅浮宮爲世界三大博物館之一，藏品豐富，最聞名的有達文西的蒙娜麗莎微笑畫像，爲文藝復興盛期繪畫代表名作，館方禁止用鎂光燈拍照，入館前導遊曾一再誥誡我們遵守，以免影響國人名譽，幸大家都能照辦，惟參觀時看到一位日本觀光客，竟對該畫大按鎂光燈數十次之多，令人不齒。其他較著名的展品有米羅維納斯大理石半身雕像，高二〇四公分，及美洛斯島出土的女神像等。該宮進口處有我華裔建築大師貝聿銘設計的大小金字塔，以透明壓克力製成，深覺太新潮，與羅浮宮原有古典式建築有點格格不入，不相調和。又該宮之燈光布置與展品陳列櫥櫃，似較我故宮博物院爲遜色。至於凡爾賽宮建於法皇路易十四時代，是無數著名建築師、設計師及藝術雕刻家多年嘔血的結晶，其奢華雄偉，更勝於羅浮宮。凡爾賽宮中以鏡廳最值一觀，金壁輝煌，普法戰爭時德皇威廉一世係於該廳即位，而第一次世界大戰凡爾賽和約亦在鏡廳內舉行。宮後之花園範圍至大，所植花草圖案美麗可觀。

我們在巴黎遊玩二天後，至第三日上午八時許搭乘子彈火車至法國南方大城狄戎，火車在阿爾卑斯山中穿越，經過不少山洞，其中以聖哥大隧道十七公里者爲最長，費時達十五分鐘。至狄戎時，我們在巴黎所僱賓士牌遊覽車已在該處等候，帶我們到瑞士中部湖濱渡假勝地盧森。翌日前往英格堡搭乘攬車，登上三千零二十公尺高的鐵力士山峰，途中須更換攬車三次，最後一次所乘者為世界首創可旋轉式的攬車，可瞭望四周景色。山巔寒氣逼人，步行穿越一座數十公尺長的雪洞，在洞外厚厚積雪上，駐足欣賞皚皚之白雪與終年不化的冰河，並眺望周圍群峰，下臨萬丈深谷，氣勢壯麗，風光旖旎，使人感到胸襟開闊，與己身之渺小。

離瑞士盧森後，仍乘遊覽車進入義大利國境，首至該國北部工業大城米蘭市，米蘭大教堂聞名於世，為主要觀光所在，其建築是哥德式的，由一百三十五座大小高矮的尖塔所組成，外觀極為優美，堪稱藝術傑作。教堂前廣場上，群鴿飛舞，爭食觀光客所餵食物，並任令遊客拍照留念。當日中午，抵達附近比薩市，該市以藝術寶藏聞名全球，尤以市西北邊的特殊建築組合，包括比薩大教堂、比薩斜塔及洗禮堂與墓園，均以白色大理石所築成，高雅美觀。而比薩斜塔則為全球七大奇景之一，該塔實為教堂之鐘樓，共計八層，每層有半圓形拱形門組成的連環拱廊，大物理學家伽利略曾在塔頂作過墜下物體的物理試驗，是塔係由二位沒沒無聞的建築師所設計，於公元一一七四年開始建造，到一三五〇年才完成，費時一百七十餘年，由於塔基沈陷不均匀，致使建築物向南傾斜，目前鐘塔北邊高五十五公尺，傾斜度偏離垂直線中心約五公尺，許多專家莫不在悉心研究如何使該塔之傾斜度能避免繼續增加，以防止倒塌。

參觀比薩斜塔後的次站為羅馬，值得觀光的名勝古蹟之多，不亞於巴黎。最負盛名的首推梵諦岡聖彼得大教堂，爲天主教教皇駐節之所在，堂前圓形廣場即氣派雄偉，長三四〇公尺，寬二四〇公尺，可容納二十五萬人。該教堂爲世界第一大教堂，眞可說名不虛傳，於三百五十年前建造，費時一百二十五年之久。堂內外之雕像，彩石馬賽克壁畫，無一不是藝術精品與瑰寶，其中以大理石雕刻的聖母痛子像最負盛名，是雕刻大師米開朗基羅的傑作。教堂內有三十九個小教堂，可見其偉大。進入聖彼得大教堂參觀遊客，必須服裝整齊，穿著暴露，著短褲、迷你裙、拖鞋、木屐以及空前絕後的鞋履者，均在擋駕之列，我們此次同遊中有一對新婚夫妻，新娘即因裙子太短，即未獲准入內。羅馬古蹟實在太多，觀不勝觀，因限於時間，只能走馬看花地遊覽了古競技場、萬聖殿、許願池以及名影片「羅馬假期」中出現的西班牙廣場及眞理之口等。許願池池水碧綠，清澈見底，池中布滿觀光客許願時丟入的硬幣，閃閃發光，導遊說許願時須背朝池，用右手將硬幣經左肩拋入池中。至於眞理之口爲一大理石雕刻的頭形面具，參觀者須排隊逐一伸手至其口內，多拍照留念，傳說如曾經說謊者，伸入之手，即被咬住，不能抽出，實爲無稽之談。

遊羅馬後次日，即到歐洲文藝復興發源地佛羅倫斯，觀光名列世界第三的百花聖母大教堂、米開朗基羅廣場、天堂之門、市政廳廣場等處，並憑弔義國最偉大詩人但丁的故居。但丁所著「神曲」是世界文學作品中經典之作。義大利以皮革著名，同行諸人曾於該地大事採購皮包皮鞋等。六月二十三日至世界著名水都威尼斯，市內運河縱橫，橋樑之多，冠於全球，聞達四百多座，其中以嘆息橋最悲怨，是橋建於公元一六〇〇年，連接古老的監獄與公爵宮，囚犯被提送拷問審訊途經該橋，感到前途生死未卜，莫不沮喪感嘆，因而名之爲嘆息橋。威尼斯其他觀光重點有深具浪漫色彩的聖瑪可廣場及建築甚爲宏偉的道奇宮等。

音樂之都維也納，是我們此次歐洲之旅的最後一站，由威尼斯乘遊覽車前往，費時約七小時。在維也納我們參觀了不少座皇宮，包括匈布潤宮、貝爾維第亞宮、賀福堡宮及美爾宮等，其中尤其是美爾宮，有人說到維也納若未去該宮則「有虛此行」，該宮係於公元一六九六年至一七四〇年之間所造，是給當時奧匈帝國著名女皇瑪麗亞泰依莎夏所居住，因此也稱爲「夏宮」，後花園甚大，其設計乃仿照凡爾賽宮者。宮內壁上繪有不少幅女皇及其所生十六位子女大幅畫像，中有一位公主貌美如花，嫁給法皇路易十六爲皇后，惜於法國大革命時陪其皇夫同上斷頭台，可云慘矣。也有人說，去維也納，如僅參觀皇宮教堂或遊山玩水，而未去聞名的國立歌劇院（前身爲宮廷歌劇院）聆聽歌劇，是不夠的，但聽歌劇亦不簡單，不僅票價昂貴，且須於一年前訂座，即站票亦須半年前預定，我們在維也納僅停留一宵，自無福享受了。幸旅行團爲我們安排了參觀華爾滋音樂表演，是露天場地，費用每人二十五美元，有芭蕾舞、宮廷華爾滋舞等的演出，節目間歇時尚可由觀衆下池同舞，同行中僅筆者夫婦曾上場跳了幾隻華爾滋舞過過癮。維也納是世上許多偉大音樂家住居之地，如貝多芬、舒伯特、史特勞斯、布拉姆、莫紮特等，而奧國最崇拜的是莫紮特，以其爲名的巧克力，是觀光客爭相購買帶回贈送親友品嘗的主要禮品，據當地女導遊說，莫紮特巧克力有七種口味，值得慢慢細細品嚐。

我們這次歐洲之旅，旅行團也曾安排了兩次遊船及一次紅磨坊夜總會觀秀節目，均須另付費用。

遊船一次在巴黎遊塞納河，欣賞沿河兩岸風光，付費每人美金二十元。另一次則在水都威尼斯，全團分乘六艘專名爲槓杜拉（GONDOLA）的平底小舟，遊覽市內運河，穿越不少座橋樑，是項小舟，兩頭尖尖翹起，外形與蘭嶼獨木舟有點相似，每舟可乘坐六人，由兩位穿著特殊古典服飾的船夫，分站船頭船尾，一位持竿慢慢划行，另一位則高唱悅耳動聽的義大利民謠，以手風琴伴奏，別有情趣，爲時約一小時，每人另付美金三十五元。說到巴黎夜總會，較著名的有麗都及紅磨坊兩家，我們觀賞的是紅磨坊，入場費每人高達美金一百二十元，似乎貴了些，因僅供應冷飲一瓶，表演節目爲時約二小時，其內容與水準，跟美國賭城拉斯維加斯及我台北豪華夜總會差不多，惟演出歌舞的上空女郎，個個美艷如天仙，曲線玲瓏，令人賞心悅目。

台灣近年來由於經濟繁榮，人民生活富足，有餘力出國旅遊觀光者逐年增加，台灣觀光客成群結隊地，隨處可見，且購買力特強，頗受各國之歡迎與重視。此次歐洲之旅可以明顯的感覺出來，例如在瑞士盧森，一家出售勞力士等名錶的鐘錶店，進門上方中央，即懸掛我中華民國國旗，而將美、韓、兩國國旗分列兩旁。又登上鐵力士山巔的攬車車身外及購票亭上亦繪有我青天白日滿地紅國旗，而在各地的大百貨公司，也常可發現我國國旗臨風招展，在在展現出我國經貿實力，令人快慰驕傲與興奮。至於在各中國餐館，也屢可碰見台灣觀光客在就食，有時因人多座位不夠，尚須等候。在威尼斯參觀一家水晶玻璃工廠時，由於對台灣觀光客之重視，還特別安排了一場由技師當場表演水晶製品之製作過程節目，使我們大開眼界。

原載郵人天地第296期

歐行觀感(一)

本年四月下旬，本局應邀參加瑞典哥德堡(Gote Borg)四月二十四日至二十六日之郵展，並設攤位出售郵票。筆者因職務關係，奉派前往辦理，有幸至北歐作了一番巡禮。憶十二年前，曾去過一次歐洲，在比利時布魯賽爾停留了六個月。此次到歐洲，爲第二次，但到北歐瑞典則爲首次。

瑞典爲一王國，位於斯堪的那維亞半島上，與挪威、芬蘭及丹麥等國相鄰。面積四十五萬平方公里，較臺灣大十二倍，人口僅約八百萬，則尚不及臺灣之一半，可說爲一地廣人稀的國家。瑞典多湖，在飛機上作空中鳥瞰，大小湖泊，星羅棋布，據說最大的一個湖，面積足有臺灣那樣大。瑞典工業極爲發達，煉鋼優異，機械及軍火，行銷全球，造船業在世界上也是數一數二的。國民所得之高，在已往曾佔世界第一位，現則爲科威特等產油國家所超前。社會福利制度良好，人民多享高壽，近百年來無兵災及戰亂，兩次世界大戰，皆未波及，可謂得天獨厚。

我於四月十九日下午一時許乘中華航空公司班機離國，二時五十分首抵香港啓德機場，在機場苦候七小時，始轉乘瑞士航空公司(Swiss Air)班機，於次日上午九時到達瑞士蘇黎世，承瑞航在機場餐廳招待一頓簡單的午餐，一杯咖啡，一盤難下嚥的漢堡三明治，然後乘十二時十五分起飛的北歐航空公司（SAS）班機，於下午二時到達丹麥哥本哈根，又轉乘北歐航空公司另一班機，終於是日下午四時半抵達目的地瑞典哥德堡，承瑞典集郵家歐爾遜先生（Mr. Bo Olsson）在機場接我，順利入境。

此次赴瑞典航程，在途時間超過二十小時，沿途轉換班機達四次之多，所以相當疲累。而在臺北托運之一隻皮箱，筆者到哥德堡時，並未同時抵達，增加我甚多不便。因離臺時，氣候較熱，僅著單薄的春裝，大衣及冬季西裝等均放在箱內，而哥德堡地處北歐，相當寒冷，間飄雪花，幸蒙歐爾遜先生臨時借我一件大衣禦寒。但禮品及日用之件亦均在箱內，未能及時取用，其中苦況，實難言宣。我的行李，承北歐航空公司分別向哥本哈根、蘇黎世及香港等機場追查結果，於三日後始在香港機場發現，該公司當即於次日將它趕運送到我的旅館來，內件並無短少，實屬大幸。又北歐航空公司爲顧念我行李未到達前所遭遇之不便，曾補償我瑞幣二百九十克郎（Krona），每一美元約等於四·三〇克郎，不無小補。該公司此種愛護旅客及負責的精神，實值欽佩。其實此次行李滯留香港，未及時交上轉運班機，並非該公司之過。

哥德堡在瑞典西南部，濱臨海邊，與丹麥哥本哈根遙遙相對，人口約四十萬，是瑞典第二大城。市容美麗而整潔，甚少塵沙，空氣也乾淨，所以穿白襯衫，三數天領口不會髒。街上行人稀少，車輛不若臺北之擁擠，行車均嚴守交通規則，不闖紅燈，不按喇叭，故無噪音。據說繁要十字路口，秘密裝有攝影機，如闖紅燈者，即被攝下存證，罰款極重，此種辦法，值得我市政當局借鏡。又行人穿越馬路所裝之紅綠燈，遇綠燈亮時，發出一種細碎聲音，如紅燈亮時，其聲音之間歇則較長，此種特別裝置之目的，闇係爲便於盲人使用者，立意很好。

哥德堡有不少家中國餐館，生意都不錯，常常客滿。筆者光顧過的，即有竹園餐館、天津飯店及寶船酒樓等，多由臺灣而去的華僑所開，看到自己的同胞，均十分熱誠而親切。其中尤以竹園餐館老闆林水生先生，由漢堡分社沈主任勝明電話告知他，筆者抵達哥德堡參加郵展的消息，特專誠到郵展會場來看我，堅邀到他的餐館吃中飯，並叫廚師做了三個便當，帶到會場，去給我們的攤位上工作人員充飢。四月廿八日我離開哥德堡時，又承他親駕一輛瑞典Volov牌的高級轎車，送我至機場，此種友情，彌足珍貴而感激。

哥德堡的物價不便宜，我所住的旅館是二流的，單人房每日房租要美金約五十元，但包括早餐在內，只要憑房間的鎖匙，即可在旅館餐廳內吃早飯，是自助餐式，咖啡、牛奶、果汁、麵包、乳酪等任憑取用，吃飽爲止。在中國餐館吃一客蝦仁蛋炒飯，即要美金五元多。一杯啤酒，合新臺幣要六十多元，比臺灣貴多了。瑞典的水晶玻璃是很聞名的，很想買一些送送親友，但一看玻璃櫥窗內的標價，即不敢問津了。

四月廿八日中午，乘北歐航空公司班機離哥德堡到瑞典京城斯德哥爾摩，在途飛行時間僅約一小時，承金馬酒樓小開張劍忠先生駕車至機場來接。當日下午，又承其陪同參觀瑞典郵政博物館，由館長Mr. Sven Carlin及女秘書Ms. Licca Nygatan 接待說明。該館爲一棟古老的四層樓建築物，建於十七世紀，當時曾爲瑞典郵政總局之辦公室，至一九〇六年始於該處成立郵政博物館。該館係位於斯德哥爾摩舊城市區內，開放時間，星期一至星期五中午十二時至下午三時，每星期四，下午七至九時增加開放一次。星期日則爲下午一時至四時。該館典藏之瑞典郵政博物甚爲豐富，郵票部分有各國發行之郵票，其中最爲名貴之兩枚，是一八四七年模里西斯（Mauritius）的郵票，爲世上最早的殖民地郵票，也爲該館最珍貴之財產，存放於牆壁上一具保險櫃的鏡框內，遇有貴賓蒞臨，始由館長開櫃，以供觀賞。

四月廿九日，承瑞典郵政總局之安排，上午參觀郵政劃撥局Postal Giro Offce，下午參觀郵票印製廠。該日上午九時，一位劃撥局會講英語的女性高級職員Ms. Gunvor Masing，到我的旅館來引導我去參觀郵政劃撥局，並承其爲我作詳細說明。瑞典郵政劃撥業務十分發達，劃撥局擁有員工五千餘人，劃撥結存金額達美金一千五百億元之鉅，對國家工商業之發展及財經之穩定，實具有重大貢獻。該局利用IBM 370型電腦處理帳務，據稱爲瑞典最大型的電子計算機器，中午承該局總務處處長Mr. Bertil Eklund 邀我在他們的餐廳內用膳。

下午到斯德哥爾摩的郊區去參觀郵票印製廠，乘地下火車約需數十分鐘。承瑞典郵政總局集郵處郵票設計科科長Mr. Thorsten Sandberg 至郵政劃撥局來接我。該廠關防嚴密，入廠須經登記，所通過各門均經關鎖，以特別鎖匙始能開啓。該廠共有員工三十人，備有印製郵票機器兩架，均爲西德所製，機器廠牌爲Goebel Darmstadt，一架爲一九六二年出品，可印三色，係一貫作業，每分鐘能印郵票四十五公尺。另一架機器較舊，購於一九三七年，印製郵票速度亦較慢，爲每分鐘二十五公尺。另外尚有專印捲筒郵票機器二十五架，以凹版印刷，每捲郵票爲五百枚，每小時可印郵票小冊一萬二千本。承告該廠計劃於不久將來，擬向西德購置最新式影寫版機器，以印製郵票。至於郵票圖案之設計工作，聘有六位藝術家辦理，設計郵票之酬金，每幅約一千餘美金，亦有高達六千美金者。此外，郵票圖案設計者之大名，被印在每枚郵票左下方邊框外，字體極小，用放大鏡始能看清楚。又郵票圖案之核定，權操之於郵政總局局長。瑞典郵政總局近年來對集郵業務之推展不遺餘力，全國集郵風氣鼎盛，每年集郵收入約美金一千五百萬元。

原載郵人天地第136期

歐行觀感(二)

上文談到參觀瑞典郵票印製廠時，漏未說明的，是瑞典亦有類似我國郵票設計小組之組織，他們叫郵票藝術計劃委員會（The Swedish Art Programme Council for Stamps），負責郵票圖案之審查工作。委員會主席由郵政總局局長兼任，委員有：郵政處處長、資料處處長、集郵處處長、大衆傳播處處長、瑞典駐法國大使、瑞典國立藝術博物館館長、斯德哥爾摩大學人種學教授及藝術家等八人。

四月卅日下午一點半，在雪花飄零中飛離瑞京斯德哥爾摩前往西德漢堡，承金馬酒樓老闆張正忠先生駕車送我至機場，並在機場餐廳請我吃自助餐，價格並不便宜，兩人共花去瑞幣二百七十克朗，等於新臺幣二千多元。自助餐的菜裡有一種產自北海的蝦，每隻相當大，味很鮮美可口。下午三時許抵達漢堡機場，在進口處檢查護照時，始發現我的西德簽證，於四月三十日到期，檢查官員即叫我暫時出列，候在一旁，另行處理，幸行政院新聞局駐漢堡負責人沈勝明先生在機場接我，他會德語，幾經向他們解釋，始獲暫准入境，另辦申請延長簽證手續。所以凡事不能太相信人，我以爲飛機票及簽證均係委由旅行社代辦，他們應該熟知我的行程才對，致於離國前，疏未審查護照上簽證期間是否適當，增加事後甚多困擾。因入境時已逾外事局辦公時間，次日爲五月一日，國際勞動節，放假不辦公，五月二日為星期六、五月三日為星期天，德國機關均休假，因此我的西德簽證延長手續，直到五月四日，我離開柏林時始行補辦。

沈先生駕車送我至漢堡市區，寓市中心一家旅館名叫Hotel Oper者，每日房租八十五馬克，約合美金四十餘元，但不供給早餐。行裝甫卸，承沈先生陪同去與一家郵商Otto Helling 洽商代銷我國郵票事宜，由其經理接待說明，惜該商僅銷售舊郵票，不賣新郵票，因之未能為本局之經銷商。該商將各國銷印過的郵票，用透明玻璃紙袋封裝成袋裝郵票，行銷全球。其靠街之玻璃櫥窗內及倉庫內木架上均堆滿袋裝郵票，每袋外表封裝甚為美麗，並標明價格。

當日下午七時，蒙沈先生在雪園中國酒店宴請我，並邀了北德集郵會會長馬丁·高賽德先生（Mr. Matin Kosseda），其女秘書及集郵記者溫德先生（Mr. Wolfgang Windl），電視週刊（發行一七〇萬份）編輯Mrs. Kehrer 等作陪，席間我曾請教他們今後如何推展我國在西德之集郵業務。西德自第二次世界大戰後，復興迅速，經濟繁榮，民間殷富，集郵風氣興盛。本局郵票在西德，目前係由本局在法國經銷商香檳公司（Ancienne Maison Theodore Champion）兼銷，業務未如理想。鑒於我國集郵業務在西德頗具發展潛力，亟需在西德覓設一代理商，代銷本局郵票，此為我赴西德之主要任務。

北德集郵會擁有會員約千人，對收集我國郵票，多感興趣。該會對我國一向友好，於一九七八年十月間，曾在漢堡為我國郵票發行百年舉辦郵展，出版中國郵票專冊，介紹我國郵票。該會會長向我表示，願意代理我國郵票，經銷西德各地，我們自表歡迎。

集郵記者溫德先生爲北德集郵會之顧問，亦爲漢堡西德畫報（Bild Zeitung）的採訪主任，建議本局與西德畫報合作，在該報舉辦我國郵票有獎徵答，第一獎一名，由本局致贈赴臺來回機票一張，邀其於本年十月建國七十年郵展開幕時前來我國，並招待其在臺食宿交通十天，另設獎品十名，第一至第三名，贈以價值美金五十至一百元之獎品各一份，第四至第十名，則各贈送本局去年全年份郵票冊各一冊。承沈勝明先生告知，西德畫報日銷六百萬份，擁有讀者一千二百萬人，爲歐洲銷路最大報紙之一，如刊登廣告，全版非八萬馬克（約合四萬美金）莫辦。舉辦有獎徵答，該報將同時發表專文一篇，介紹我國郵票。又舉辦徵答時，參加徵答者必多，屆時由該報公開抽籤決定第一獎及其他各獎，所有抽籤及得獎人等情形，該報必將連續報導，定能引起廣大讀者及集郵人士之注意，此種辦法，較之刊登廣告更具宣傳實效。沈先生並建議本局邀請溫德先生於建國七十年郵展時來我國訪問，俾能同時對我各方面進步情形作有利之報導，以擴大宣傳效果。我回國後即將溫德先生及沈勝明先生等之建議向層峰反映幸獲採納，並經函承行政院新聞局之贊同。

我抵達漢堡之次日，北德集郵會高賽德會長邀請我及沈勝明先生夫婦至其郊區寓所午餐，十一時許，承沈先生駕車來旅館接我，同車者除沈夫人外尚有沈先生一對可愛的兒女。因爲時尚早，我們先到俾斯麥故居及其博物館參觀，沿途經過一段風景幽美的森林，據稱是俾斯麥的產業，現爲其後人掌管。參觀俾斯麥博物館，要購門票五馬克。俾斯麥爲德皇威廉一世的首相，於普法戰爭時，率軍戰勝法國，功勳彪炳，甚爲當時德國人民所愛戴，獲德皇及各國頒贈勳章及珍玩者無數，均陳列於館內，供人欣賞懷念。其中有慈禧太后贈送的一支雕刻精細的巨型象牙。與俾斯麥首相同時，清朝中興名臣李鴻章於遊覽歐洲時，曾專誠到俾斯麥家鄉去拜訪他，他們兩人，同爲首輔，功業相若，有惺惺相惜，相見恨晚之慨。館內陳列有李鴻章之親筆簽字及其步下火車，俾斯麥在車站迎接的照片，在異國目睹我國先賢的簽名及照片，則別有一番心情。

中午十二時，我們抵達高賽德會長的家，是一幢十分幽美精巧的花園洋房，室內佈置高雅舒適，玻璃櫥內儘是有關集郵的書刊，具見室主人興趣之所在。高賽德會長已近耳順之年，惟身體健朗，看似五十許人，性情溫和，郵識豐富。北德集郵會女秘書在其家照料，充作女主人，伊親下廚烹飪燒菜。長方形餐桌上點綴著燭台及玫瑰花等，氣氛至爲柔美。高會長並特開法國拿破崙葡萄酒饗客，態度誠摯親切，令人感激。飯後又驅車至一湖邊西餐館飲咖啡，該地風景美麗如畫，令人身心暢快無比。

原載郵人天地第137期

西德目前人口約五千七百萬人，東德則僅一千八百萬人，共約七千餘萬人。二次大戰後，人口非但沒有增加，還每年減少三四十萬人，人口之減少，將影響國力，因此引起西德政府之憂慮。不像我們臺灣，爲避免人口之過度膨脹與爆炸，還要實施節育，所以喊出口號：「兩個孩子恰恰好，一個孩子不算少。」，德國則提倡鼓勵生育政策，據聞他們規定，一家庭中如生一個小孩者，每月由政府津貼八十馬克，二個小孩者津貼一百五十馬克，三個小孩者三百馬克，四個以上，則全部孩子費用，由政府負擔。

柏林爲二次大戰前德國之首都，戰後被劃分爲東西兩區，東柏林爲蘇俄卵翼下東德傀儡政權之首府，人口約一百萬，西柏林則爲西德所掌握，但由英、美、法三國協助防守，然而四週均被東德所環繞，因此對外交通常遭東德及蘇俄阻擾，殊感不便，西柏林人口較東柏林多約一倍。東西柏林以圍牆劃分，截然成爲兩個世界，西柏林自由繁榮，東柏林則極權蕭條，人民幾無自由之可言，無異人間地獄。因之，東柏林人民，紛紛逃向西柏林。五月二日，我從漢堡乘汎美航空公司班機到達嚮往已久的西柏林，航行時間僅約四十餘分鐘。承行政院新聞局駐柏林單位賴阿秀女士及其德籍丈夫至機場迎接。原擬與當地集郵人士聯繫，適是日爲週六假期，次日又是禮拜天，致無法接觸。市區商店亦多不開門，行人車輛稀少。賴女士之先生駕車陪我至著名的柏林圍牆憑弔。所謂圍牆，爲一高約二公尺白色之牆，在著名的布蘭登堡前方，有木製瞭望臺，特供觀光遊客登臨瞭望東柏林及攝影留念者。在該堡附近之圍牆外行人道上，豎有一十字架，係爲紀念一位四十八歲的東柏林人Sklowski，他在東柏林被關禁七年後，於一九六五年十一月廿五日越過圍牆逃入西柏林，不幸被衛兵所射殺，誠屬人間慘事。

筆者於本刊上期所登「歐行觀感(二)」一文裡，曾談到我的護照上西德簽證已於四月三十日到期，因次日爲五一勞動節，以後兩天，又碰到週末假期，外事警察局並不辦公，不能申請延期加簽，等我於五月四日離開柏林時，心想反正要離開德國了，何必再辦延期加簽呢！但承西德友人告知，因柏林現仍受英法美三國所管制，離開柏林機場旅客，一律須檢查護照，爲免引起麻煩，不得不申請延期簽證。幸承龍門飯店老闆西柏林中華聯誼會主席丁文龍先生的二少爺，六時駕車來旅館接我，到外事警察局，至則已大排長龍，據告排隊者多爲東歐共產附庸國家之人，逃來柏林謀生者。我排隊後不久即開始進場，在進門處依照護照上姓名第一個字母照排隊先後次序編號，發給一號碼單，我的號碼爲二十號，到二樓一大房間內等候傳喚。外事局八時上班，到八時半始聽到擴音機喊出我的號碼及姓名，進入辦公室填表繳半身脫帽照片二張，並繳付延期簽證費十五馬克，總算到九時半順利獲得加簽，趕往機場搭上十一時許汎美航空公司班機離開柏林。柏林因在英美法三國管制下，機場上只有英航、法航及汎美客機可乘，無其他國家航空公司班機，即德航班機亦沒有。

我於五月六日上午十時乘瑞航班機飛離西德慕尼黑，中途在日內瓦、蘇黎世及喀拉剌各稍作停留後直飛香港，於七日上午十一時許抵達啓德機場，承香港集郵家余祿祐先生在機場迎接我。余先生曾任香港尖沙咀集郵中心主席，爲英國皇家太平紳士，於民國六十七年時，本局曾聘其爲百年郵展評審委員，他時常返國參加郵展，爲一熱愛國家的華僑。這次是我第一次進入香港，寓九龍國賓酒店，每日房租港幣三〇七元，中午十二時半，余先生邀我共同參加在半島酒店舉行之九龍扶輪社聚餐，以貴賓身分被介紹於各會員，並攝影留念，這樣的盛會在感覺上有點受寵若驚。當日下午，在集郵家劉煥民、馮良堅及朱永堯三位先生陪同之下，乘輪渡至對岸香港。渡輪分上下兩層，上層視線較好，票價亦貴計港幣五角，下層則僅收費三角，約半小時抵達對岸。轉乘攬車上山，每人票價港幣二元，攬車上山角度十分陡斜，幾成四十五度，至爲驚險。到達山頂，海拔爲一千零五十六公尺，遙望香港九龍全景，景緻極美。上有一餐廳，可供休息及飲咖啡啤酒等，憑窗遠眺，甚爲舒暢。

由香港返回九龍，則乘海底電車，票價要港幣二元二角，比輪渡貴多了，但在時間上祇四分鐘，可節省甚多。承劉先生等告知，海底電車係於一九七九年十月間完成，工程費計一〇〇億元港幣，去年一年，海底電車虧損港幣五億元，故今年曾提高票價。

五月八日晚七時，香港集郵人士余祿祐、劉煥民、郭適、張錦昌、陳兆漢、胡新、馮良堅、梁荔臣、謝炳奎、朱永堯、李鏡禹、馮展鴻、李文湛、羅宏益等十餘人在國賓酒店頂樓餐廳宴請我，盛情可感。其中尤以尖沙咀集郵中心副主任委員郭適先生，因眼部開刀，幾致失明，身體不好，扶病由其公子陪同，前來參加，令人感動。上述幾位集郵先進，大多來過臺灣，曾經晤面，唯有陳兆漢、李鏡禹、胡新等三位先生，則係初見。陳兆漢先生之珍藏「慈禧萬壽紀念郵票及其加蓋票」及「單位及銀圓郵票」兩項郵集，曾參加百年郵展得過金牌獎，其大名屢為王藹雲先生所提及。李鏡禹先生為香港郵壇後起之秀，新近崛起之集郵家，資財雄厚，聞擁有紅印花小壹圓兩枚及其他國郵早期珍品甚夥。胡新先生則久所聞名，為國內集郵界所熟知。

在宴會中，蒙余祿祐先生贈我特製銀盤一隻，上鐫「胡全木先生訪港誌慶，尖沙咀集郵中心余祿祐敬賀一九八一年五月六日」字樣。劉煥民先生贈與我者，則為錦旗一面，使我感到榮寵無比。席間應邀報告赴瑞典參加郵展經過及本局籌辦建國七十年郵展情形，最後誠摯邀請並歡迎他們於今年十月間返國參加建國七十年郵展。

原載郵人天地第138期

義大利與新加坡之旅

義大利郵電總局局長Mr. V. Monaco於本年一月二十三日來函，邀請我國郵政總局王局長述調前往參加由該國郵政主辦的國際快捷郵件研討會，函中並說明歡迎偕同夫人及攜帶隨員一人與其夫人共同與會。王局長經函復應邀參加，並指派主管是項業務之聯郵處方處長有恆隨行。研討會舉行期間為本年五月三十日至六月二日，會後返國時，王局長等原計劃順道至新加坡及菲律賓馬尼拉，跟該兩國郵政總局洽談聯郵事宜。

王局長後因公無法出國，於五月七日突囑筆者代表其前往義國出席上述國際會議，是時距原定五月二十七日啓程，僅約二十天，不得不臨時趕辦各項出國手續，幸承交通部、出入境管理局及外交部等友人之協助，終於延後一天於五月二十八日成行。是日方處長有恆兄與筆者搭乘中華班機先至香港，轉乘義大利航空公司飛機，於翌晨八時許抵達羅馬國際機場，蒙我國駐梵帝岡大使館萬秘書家興先生駕車至機場迎接，驅車至羅馬市區，首往大使館拜訪，周書楷大使因眼睛白內障開刀不久，尚在家療養，未獲晉見，由項公使士揆先生代表接見我們。在大使館不意晤及我在教育部歐洲語文中心法文班同學謝秘書新平兄，他一度曾在臺北郵局工作過，他鄉遇故知，相談至歡。當晚承其在一中國餐館宴請方兄與我，並特邀「義華文經友好協會」秘書長義朱柯里先生（Mr. Camillo Zuccole）作陪。朱先生年約三十許，年輕有為，活力充沛，為人熱誠，他為促進中義民間友誼，曾數度到我國訪問，貢獻良多，曾獲我外交當局之頒獎與贈勳。他訂於六月一日至十日在其家鄉，米蘭附近之Brescia市，為我國舉辦中華民國郵票展覽，展出我郵政總局所製以義大利文、法文、德文等三種文字說明之「從郵票看中華民國」郵票展品一百五十八框，六月一日上午郵展開幕時，他熱誠希望筆者與方兄能前往主持開幕典禮，此事我們在出國前，外交部曾向我郵政總局徵詢過我們，當然予以同意。我國中央通訊社派駐羅馬記者范大龍先生，聽到我們到達，特至旅館訪問我們有關我國參加義國舉辦國際快捷郵件研討會情形。

五月三十日下午我們到大會所指定的Savioli Hotel旅館辦理報到，領取有關會議資料及出席會議各國代表團名單，獲知實際參加此次研討會者，除主辦國外共計十九國，出席代表連同義大利郵政代表在內共約五十餘人，萬國郵政聯盟國際郵政公署亦派主管技術業務之副署長Mr. E.M. Gharbi 前來指導。茲將參加國家國名及代表姓名職銜等列表於下：

國名	代表姓名	職銜
西德	M.H.J. Hilgers	郵政總局航郵處處長
沙烏地阿拉伯	M.K. Alotobi	Albarid Almumtaz 局長

國家	姓名	職稱
比利時	M.R. Vanbergen	郵政總局局長
	M. Windels	視察長
加拿大	M.H.D. Lander	郵政總局副局長
	M.R.D. Shipton	處長
中華民國	胡全木	郵政總局副局長
	方有恆	聯郵處處長
埃及	M.A.R. Salem	郵政總局局長
西班牙	M.A.F. de Sande	郵電總局主任秘書
	M.J. de Frutos	聯郵處副處長
美國	Mme. J. Strange	郵政總局副局長
	Mme. J. Mitchell	國際關係科科長
	M.J. Trovarello	郵政總局助理副局長
法國	M.M. Roulet	郵政總局局長

	M.G. Megnie	郵政總局副局長
英　國	M.A. Brown	郵電總局局長
印　度	M.K. Syal	主管國際關係副總局長
荷　蘭	M. Dobbenberg	郵政處副處長
卡　達	M.S. Al－Moadhadi	郵政總局局長
	M.M. Moubarek	國際關係處處長
瑞　士	M.E. Burn	聯郵處處長
突尼西亞	M.M. Balma	郵政總局局長
	M.A. Louati	郵政處副處長
土爾其	M.N. Ekinci	郵政總局局長
義大利	M. Roberto Panella	郵政總局局長

（義郵出席會議者除總局長外尚有官員三十餘人）

萬國郵盟	M.E. M. Gharbi	國際郵政公署副署長

據悉義郵當局原也函邀大陸共方參加此次國際快捷郵件研討會，結果大陸共方並未派代表與會。我國開辦是項業務，係於民國六十七年，迄今雖僅有七年歷史，但成長至為快速。開辦當年，出口件數只有四千一百三十四件，進口六百八十件。到了第二（六十八）年，出口件數即增至兩萬九千五百五十五件，成長率為百分之六百一十四點九，進口件數一萬一千四百六十四件，成長率為百分之一千五百八十六。至去年，出口件數已達三十八萬四千零九十一件，進口件數也有十九萬零五百零五件。由此項數字亦可以顯示出我國經濟繁榮及國際貿易之快速發展。目前和我國交換快捷郵件的郵政計有：香港、荷蘭、英國、法國、新加坡、美國、比利時、南非、南韓、澳大利亞、瑞士、日本、科威特、澳門、馬來西亞、西德、巴林、加拿大、瑞典、埃及、盧森堡、泰國、挪威、阿根廷、阿拉伯大公國、西班牙、冰島、卡達、紐西蘭、賽浦魯斯、哥倫比亞、希臘（以上係依開辦先後次序排列）等三十二個。最近正在洽商的郵政有義大利、巴西、丹麥及巴拿馬等。

五月三十日晚六時半，在旅館附近一觀光大廈一樓，有歡迎雞尾酒會，各國代表暨夫人均盛裝參加，義郵當局並於八時半在旅館以晚宴招待各國代表。五月卅一日上午九時半，在觀光大廈一樓會議廳舉行開幕典禮。會議廳主席臺上有一長桌，設置座位六位，係作為大會名譽會長義大利郵電部部長、會長義郵電總局局長、籌備會主席、副主席及萬國郵盟代表等之座席。臺下則排列坐椅百餘張，坐椅前既無會議桌，亦未放置各國座位名牌，坐椅並不排定坐次，各國代表可以自由就座。主席臺左方發言臺上，懸掛參加此次會議國家之國旗二十面，作圓形排列，我國青天白日滿地紅國旗排在上方正中央，地位極為顯著與耀眼，我們感到十分高興。大會名譽會長、會長、籌備會主席及萬國郵盟代表均曾分別致詞。接著由各國代表上發言臺各自報告說明辦理快捷郵件情形及意見。我國代表團亦提出三點建議，供與會代表研擬更完善辦法，以期能提高國際快捷郵件的服務品質，俾適應公衆的需要。我們的三點建議是：㈠統一對快捷郵件體積和重量的限制，㈡對商品和樣品一律開放收寄，㈢郵件如有損壞，有關郵政應予合理補償。各國代表多以法，英兩國語言發言，義郵人員則講他們的本國話，幸大會有意譯風設備，可立即將義語譯為英語或法語，或將英法語譯為義語，甚至英語譯為法語，法語譯為英語。大會發給各國代表耳機一副，任憑選擇所欲聽之語言。

我國代表團曾事先準備了資料袋一批，袋之封面印上燙金英文字：「With compliments, Directorate General of Posts, Republic of China」，內裝我國七十三年全年郵票冊一本及以英文說明的我國辦理國際快捷郵件業務簡介摺頁一份，於開幕典禮前，央請大會女服務員分贈在座各國代表，人手一袋。他們看到我國郵票冊印製精美，並有中英文說明文字，頗表讚揚與喜愛。其他代表團備有郵票冊贈送者，僅主辦國義大利及法國、比利時、瑞士、荷蘭等五國而已。而且他們係於會議結束後始行分送，較我們慢了一拍，同時我們發現他們的郵票冊，無論內容及印製，均不及我們的豐富與精美，有的國家郵票冊，連郵票的名稱都沒有印上，更遑論內容說明。

會議於當日下午二時許即告結束，回旅館午餐後，至三時半，全體代表分乘大會所特備的遊覽車兩輛，到聖瑪利諾（San Marino）去觀光，該國全國爲義大利領土所包圍，在一半山上，面積僅六十一平方公里，人口約二萬人，首都與國同名。街道整潔，樹蔭夾道，風景如畫，世界各國前往觀光者，絡繹於途。該國所發行的郵票，圖畫相當美麗，爲各國集郵人士所蒐集的對象，據稱國家財政收入，四分之一依靠郵票之發行，故有「郵票王國」之稱。

按照大會事先安排的節目，六月一日要去參觀Bologne郵件機械處理中心，我們也很想去看一看義國的郵件機械化設備，以供我郵之參考與借鏡。但我們早已答應義華文經友好協會秘書長朱柯里先生，於該日上午十一時半去其故鄉Brescia市爲其所舉辦的中華民國郵票展覽主持開幕典禮。經權衡輕重，審愼考慮結果，還是選擇後者爲宜，因此我們向大會表示歉意，未能參加其所安排的參觀活動。承朱秘書長派小轎車一輛，於六月一日上午七時半，來旅館接方處長與筆者，車在高速公路上以每小時一百二十公里之車速，經過三小時半的疾駛，於十一時許始抵達Brescia市郵展會場。郵展會場經朱秘書長之悉心策劃，布置得美奐美倫，相當出色。我郵政總局提供之「從郵票看中華民國」郵票展品一百五十八框，懸掛在四壁牆上，每框展品上方正中貼有我國國旗及「中華民國」中英文字樣。郵展開幕典禮於十一時半準時舉行，到臨觀禮之貴賓有當地機關首長、議員，地區憲兵司令、郵局局長、集郵人士及新聞記者等約百餘人。我國駐義大利遠東貿易中心林秘書明禮先生偕夫人及一對兒女由米蘭市駕車趕來參加。典禮情況堪稱熱烈，筆者曾代表中華民國郵政總局在典禮中以英語致詞，除感謝義華文經友好協會主辦此次深具重大意義的郵展及各位貴賓蒞臨指導參觀外，並簡介展品內容。承一位年輕貌美的義籍女記者主動為我即席翻譯為義語，我贈給她七十三年郵票冊一本，略表謝意。典禮後舉行雞尾酒會，氣氛甚為融洽。到場貴賓對我展出郵票之印製精美，甚為稱讚，由郵票圖案中，可讓義國友人了解我國悠久歷史文化，國父　孫中山先生創建民國的歷程及臺灣省三十餘年來在先總統　蔣公及今總統賢明領導下之繁榮進步，社會安定，以及寶島之美麗風光，豐富物產等，於國際宣傳方面，當有裨助。郵展雞尾酒會結束後，承朱柯里秘書長老父親駕車邀請我們到其家午宴，林秘書一家亦受邀同行。至其家則為一具有歐洲庭院式風味的古老宅第，已有百年歷史，室內布置典雅，牆上掛滿古畫與瓷器等藝術品。午飯後方兄與我轉乘林秘書之車至米蘭市，曾拜訪我遠東貿易中心主任陳粟先生，答謝其對我郵展之協助。

六月五日上午九時，我們在羅馬乘新加坡航空公司班機飛新加坡，於次日下午六時許抵達。承新加坡郵務中心經理林繼奕先生偕同其至友新航貨運部主管林財福先生至機場迎接，駕車接我們至市區，住阿波羅大飯店。林經理曾於數年前，來我國訪問，當時任總局副局長之今王局長，曾負責接待他觀光日月潭等處，他對王局長之熱誠照料，至今仍深為感激。

新加坡為二次世界大戰後新獨立國家，人口約二百五十萬，大部分為華裔。面積僅六百十七、八方公里，可謂小國寡民。近十數年來，在李光耀總理之精明領導及銳意經營下，經濟發展迅速，社會安定繁榮，人民守法，交通秩序良佳，值得我們借鑑學習之處甚多。新加坡郵電為合營，惟以電信為主，郵政僅列於次要地位。全國郵政局所僅七十五處，信筒五百四十五隻，員工約一千九百人，每年收寄郵件約三億九千萬件。翌日上午九時，在林經理陪同下，參觀其所主持之郵務中心。該中心處理全國進出口郵件包裹，共有工作人員六百餘人，所用機器設備，係由NEC公司負責設計製造。如業務上需要改進時，亦由該公司密切配合研究，製造出更新機器，供該中心使用。該中心於去年底購置該公司最新出品之三套全自動郵件處理系統，自理信銷票至分揀，一氣完成。分揀時以光學自動閱讀信封上之地址而分揀，較之閱讀郵遞區號分揀，更進一籌。但是項機器尚在試用階段。又此項自動分揀機器，除信封須一律橫式外，封面上之地址亦必須用打字機或電腦打字機打出，始能閱讀自動分揀。

參觀郵務中心結束後，於十二時許拜會新加坡郵電總局，總經理因公出國，由副總經理沈紹馬先生代表接待，我們贈送他郵票冊一本及國畫一幅。下午曾參觀新郵訓練中心，由中心主任李文元先生親自陪同參觀說明，該中心除有圖書室外，尚有攝影棚、游泳池及體育館等設施，尤其體育館內有四個頗具水準的羽球場，方兄與我見此球場，不覺手癢，李主任臨時借我們球拍等，我們脫去皮鞋，赤腳玩了一陣過過癮。又我們此次赴義開會，於歸途中之所以要順道至新加坡訪問，實有一重要任務，即於一九九七年香港大限後，我們計劃將部分出口航郵，發由新加坡轉運，以維持國際郵運之暢通，已獲新郵當局欣然同意。

我們此次出國行程最後一站，原爲馬尼拉。六月九日晨七時半，我們在大雨滂沱中趕至新加坡國際機場，欲乘九時起飛的新航班機去馬尼拉，誰知新航櫃臺小姐見我們護照上沒有菲律賓簽證，堅拒我們上飛機，雖經說明赴菲停留七十二小時內者可免辦簽證，仍未獲同意。不得已請新航打電話給馬尼拉我集郵友人陳國珍先生，告知無法去菲，請不必去機場接我們，以免徒勞往返。我們臨時轉乘該日九時起飛的華航班機，繞道曼谷香港提前返回臺北，至家已晚上七時許，結束爲時十三天的義大利與新加坡之旅。

原載今日郵政第331期

憶瑞典哥德堡郵展

瑞典哥得堡（GOTEBORG）集郵人士於本年四月廿四日至廿六日在當地舉辦郵票展覽（簡稱GO THIA 81），函邀本局參加展出，並在會場設置攤位出售中華民國郵票。本局鑒於我國郵票能在北歐國家展出及出售，讓瑞典友人從郵票來認識及瞭解我國，於促進國民外交及國際宣傳，均有裨益，因此，欣表同意。

郵展當局原來電邀請本局簡局長前往參加郵展開幕典禮，簡局長因公忙未能應邀赴會，命筆者代表前往。我於四月十九日啓程赴歐，先搭乘中華航空公司班機至香港，轉乘瑞士航空公司（Swiss Air）班機到蘇黎世，又搭北歐航空公司（SAS）班機至丹麥哥本哈根，轉換該公司另一班機於四月二十日下午四時半抵達目的地——瑞典哥德堡機場，承瑞典集郵家歐爾遜先生（MR. BO OLSSON）在機場接我，順利入境。

哥德堡位於瑞典西南部，爲一甚爲美麗的都市，人口約四十萬，僅次於斯德哥爾摩，是瑞典第二大城。街道整潔，交通秩序良佳。空氣清新，甚少灰塵，白襯衫穿三數日，領口不會髒。我住的旅館LORENSBERG HOTEL在市中心，距郵展會場近在咫尺，步行僅約數分鐘。

歐爾遜先生爲一年輕有爲的工程師，富有活力，爲人熱誠，熱愛中華民國，雅好集郵，是本局在瑞典的代表。他家共四人，母親七十多歲，身體相當健朗。妻子賢慧美麗，有一活潑可愛已滿週歲的男孩，一家生活頗爲美滿。歐爾遜先生並喜愛中華瓷器，所以在其家內，無論客廳及餐廳，桌上、牆上莫不擺設及掛滿了各式各樣的瓷器。筆者到達後次日，承他陪我去拜訪哥德堡集郵協會主席及此次郵展會會長MR. CARL-ERIK KINNMAN，我贈送大同瓷器七碟轉盤一盒，甚獲其夫人之欣賞，同時捐贈郵展會我國瓷器花瓶一隻及六十九年郵票冊一本充作獎品。

郵展會場係借用一體育館內的籃球場，集郵人士參展的郵票共七百餘框。本局送展者爲十框，內容包括 國父、先總統 蔣公、古物、古畫、台灣風景、蝴蝶、鳥類、魚類、水果，及台灣建設等郵票與原圖卡等，每一頁郵票卡上方正中均貼有國旗一面，以英文作說明。本局在會場租設攤位一處，以出售我國郵票及分送集郵資料等，其他郵政設有攤位者尙有瑞典、丹麥、挪威、冰島、芬蘭、格陵蘭、聯合國及FAROARNA島等。瑞典、格陵蘭、聯合國及FAROARNA等郵政均在攤位前設置信箱，收寄郵件。會場之四周，則有甚多郵商之攤位，十分熱鬧。

我中華民國攤位係在會場之中間，與瑞典郵政攤位相鄰，地位極爲顯著。攤位正中上方書寫「REPUBLIC OF CHINA」字樣，其下懸掛總統蔣經國先生之肖像鏡框，左右兩壁上裝掛大型國旗兩面，另張貼彩色台灣風景——中正紀念堂、總統府、天祥慈母橋、左營龍虎塔等海報四張及郵票彩色海報多張，將攤位佈置得美倫美奐。攤位之前，由郵展會提供長方桌三張，桌面舖設透明壓克力片，壓克力片下放置出售之郵票樣張及價目表，藉供觀衆選購。另向郵展會租了一具鐵皮箱，以安放集郵票品，三天租費計瑞幣六百五十克郎。

本局攤位由歐爾遜先生負責主持，其母親與太太均來協助，另請僱一位華僑祁德茜小姐幫忙，祁小姐爲我國外交官之女，在一醫院工作，瑞典語十分流利。歐爾遜太太與祁小姐均穿著旗袍在會場服務，頗受注目。歐太太之旗袍係本局在台灣購料縫製寄贈者，布料係本局集郵處侯副處長所選購，爲紫色緞質，上繡白色梅花，甚爲合身，美麗大方。結果與祁小姐所穿者，無論布料顏色與花色式樣，幾完全一樣，堪稱巧合。

本局攤位出售之郵票，以十項建設郵票與仇英山水畫郵票及兩者之小全張，最爲暢銷。六十八年及六十九年發行之四種國旗郵票小冊銷路亦甚佳，因瑞典集郵人士最喜歡收集郵票小冊，他們一買即至少買四種一全份。另外六十七年、六十八年及六十九年全年郵票冊生意也不惡，六十七年郵票冊，因價較低廉，不到二天，即售賣一空。其他出售之郵票有蔣夫人山水畫、古畫、玉器、雕漆器、陶器、鳥類、蝴蝶、台灣風景、民間故事、兒童畫、羅蘭希爾等郵票。本局攤位前經常擠滿顧客，爭購本局郵票。本局所印之瑞典文說明之集郵服務彩色摺頁、英文集郵報導及建國七十年郵展彩色摺頁等宣傳品，均放在攤位上，任由觀衆免費拿取參考。此外，本局曾專爲哥德堡郵展印製參展紀念信封一種，上貼二元面值國旗郵票一板，以郵展開幕首日，即四月廿四日癸字戳蓋銷，另加蓋本局爲此次郵展所特刻的紀念戳，是項郵展紀念信封準備了一千枚，贈送購買我國郵票之觀衆。甚多集郵人士以本局紀念封上加貼我國郵票，書好其瑞典之姓名地址，欲筆者攜回台灣交郵實寄者，均予欣然接受照辦。

郵展頒獎晚會於四月廿五日晚七時，在哥德堡市中心一家第一流觀光旅館PARK AVENUE HOTEL內舉行，參加者約三百餘人，分坐三十餘桌，參加者每人須繳付餐費瑞典一百二十克郎。台上有樂隊演奏瑞典歌曲，至九時許，頒獎典禮開始，由郵展會會長、評審委員會主席及瑞典郵政總局集郵處處長Ms. ANNA－GRETA WALDEMARSSON 等相繼以瑞典語先後致詞，接著郵展當局邀請筆者，以中華民國郵政代表身分上台致詞，感到十分光寵。筆者以英語簡短答謝郵展當局之邀請我國郵政參展之盛情，並讚譽哥德堡市容之整潔美麗，與人民之友善，最後誠摯的歡迎與會人士，將來能到台灣來觀光旅遊及參觀建國七十年郵展，筆者願儘量協助，獲得熱烈掌聲。在筆者之後上台講話者，僅挪威郵政代表，他講的是挪威話，一句也聽不懂。在頒獎晚會上，筆者乘機托郵展當局分送每位出席貴賓本局所印之郵展紀念信封一枚，以聯情誼。

本局此次參加哥德堡郵展，可說是相當成功的，不但引起北歐人士對我中華民國郵票之喜愛，且加深對我國認識與瞭解，已收到良好的效果。

原載今日郵政第282期

我國郵票於雪梨墨爾鉢及達波市展出記詳

我郵政總局應澳大利亞雪梨中國集郵協會（China philatelic Society of Sydney）秘書馬丁‧史密斯先生（Mr. Martin Smith）之建議，將一套以英文說明的「從郵票看中華民國」郵票展品一百四十六框，在澳大利亞雪梨、墨爾鉢及馬丁‧史密斯先生之故鄉達波市（Dubbo）展出。

馬丁‧史密斯先生曾於本年四月間偕同一位攝影記者霍華特‧派頓先生（Mr‧Howard Paton）前來台灣訪問一週，當時筆者任集郵處處長，奉簡局長之命負責接待這兩位由澳洲而來的集郵人士，安排他們參觀郵政博物館、郵票印製廠、故宮博物院、國父紀念館、中正紀念堂、台灣北區郵政管理局集郵窗口等，並赴中部日月潭觀光。派頓先生攜有攝影機，拍攝了不少鏡頭。彼倆人對本局集郵業務及我國繁榮進步，留有深刻印象，回國後曾接受新聞記者之訪問，對我國頗表讚揚。

筆者雖於本年六月間奉調郵政總局主任秘書，脫離為時八年三個月的集郵崗位，但簡局長鑒於我與馬丁‧史密斯先生較為熟稔，故仍派我前往澳洲，去辦理我國郵展在澳洲各地巡迴展出事宜。因澳國與我國並無邦交，又人地生疏，深感此行任務艱鉅，惟懍於職責，不得不努力以赴。

筆者於九月二十三日十二時三十分乘中華航空公司班機飛香港，在香港機場停留四小時，轉搭澳大利亞航空公司班機經馬尼拉，直飛雪梨，於二十四日晨七時四十五分抵達，承馬丁·史密斯先生在機場迎接，順利入境，寓雪梨市郊風景區曼萊（Manly）一家旅館，與史密斯先生家相鄰，受其就近照顧，相當便利。

我國郵展於九月二十七日至十月一日，首在雪梨展出五天，展出地點在雪梨市中心利物浦街（Liverpool Street）一家規模相當大的Grace Bros百貨公司二樓走廊上。史密斯先生請藝術家特繪了兩座郵展標示牌，放在百貨公司大門外進口處，以招徠公司顧客參觀郵展，並承他將本局製備的彩色郵展海報在市區各郵商櫥窗內張貼。此次在澳洲展出的郵票展品分三大部分：㈠中國的文化傳統七十五框，㈡中華民國的創建十五框，㈢今日的中華民國五十六框。讓澳洲友人及我國僑胞從郵票來認識我國悠久歷史文化及目前在台灣各方面進步情形。

我郵展於雪梨展出期間，適爲澳國郵票週（National Stamp Week）。郵展展出首日，九月二十七日晚上七時，全澳國集郵界首要人士一百七十餘人，在唐人街一家中國餐館幸花邨酒店舉行郵票週餐會，筆者承邀參加，曾贈送餐會主持人雪梨集郵會會長及秘書本局七十年郵票冊及郵票玻璃槃等，並分送各出席人員我郵展資料袋一份，內裝郵展紀念封，郵展展品目錄，從郵票看中華民國英文本畫冊，集郵服務摺頁及世界女壘比賽紀念郵票、首日封護票卡一套，頗獲彼等喜愛。九月二十八日晚，又承史密斯先生之安排，參加雪梨中國集郵協會之聚會，筆者代表本局贈送該會特製紀念銀盾一面，以感謝該會爲我籌辦此次郵展之盛意。會中曾放映派頓先生所拍攝之影片，本局供應處繪圖員溫學儒兄繪畫郵票原圖，北區郵政管理局郵務士五十餘人乘機車出班投遞及中華彩色印製公司印製郵票等鏡頭均在影片中出現。

十月一日下午五時，在雪梨郵展一結束，即將展品裝入八隻大紙箱內，依照史密斯先生的意見，以澳幣六百元（澳幣幣值與美金幾相等）租用一輛中型貨車，隨帶展品等，由派頓先生駕車連夜直駛史密斯的家鄉達波市，該市距雪梨約四百公里，於深夜十二時許始抵達，投宿一 Green Gables Motel。是日爲中秋佳節，月色當空，頗興故鄉之思。當晚將展品布置完妥，因次日即須展出，史密斯先生等相當辛勞。

達波市人口二萬八千餘人，於一九六六年九月十二日始成立爲市。市容十分美麗整潔，空氣清新，據稱集郵風氣至盛。該市爲慶祝國家郵票週，於十月二日至三日在戰爭紀念民衆活動中心（War Memorial Civic Centre）大廳舉行郵展，我國郵票展品一百四十六框陳列在大廳中央，地位極爲顯著，廳之四周有郵商攤位二十餘家，本局亦設攤位一處，出售郵票，上懸我國國旗，攤位由史密斯先生主持，公衆購買我國郵票者至爲踴躍，以嬰戲圖古畫郵票及小全張最爲暢銷。

十月二日上午九時，該市各學校舉行舞龍競賽，有聖約翰大學（St·Johns’ College）達波南區公衆學校（Dubbo South Public School）達波高等學校（Dubbo High School）等三所學校男女學生參加，各製作一龍，在市區內遊行，一面唱歌，公衆夾道觀看，最後至公衆活動中心結束，將三條龍陳列在郵展會場。筆者應聘爲是項舞龍競賽唯一榮譽裁判。是日上午十時，郵展開幕典禮中，我受邀上台宣佈舞龍競賽優勝者名次並頒獎，同時以英文發表簡短演說，至感光寵。舞龍競賽優勝者為聖約翰大學隊，因其龍頭製作得十分酷肖，龍身裝飾亦至為美觀，衆認為名至實歸。參加郵展開幕典禮貴賓有澳國國會議員畢柯克先生（Mr. G. B. Peacocke）他曾來我國訪問數次，對我至為友好。其他貴賓還有澳洲最著名郵票雜誌（Stamp News）發行人比爾先生（Mr. Bill Hornadge），郵展會主席摩爾先生（Mr. Barin Moore）及馬奎爾山谷集郵協會（Macquarie Valley Philatelic Society）會長杜爾曼先生（Mr. Ralph Dormam）等，筆者代表本局各贈送郵票冊及郵展資料袋等。史密斯先生認為郵票雜誌發行人比爾先生對本局關係較為重大，特別贈送大同瓷器七碟轉盤一盒。我郵展在達波市展出甚為成功，展出二天期間觀衆達四千餘人。

十月三日下午五時，達波市郵展一結束，我們即收拾展品，仍由派頓先生駕貨車駛往墨爾鉢，我與史密斯先生同坐在車頭司機座。達波市距墨爾鉢計八百餘公里，沿途均為寬闊平坦畢直的高速公路，好像無邊無際，直通天際似的。兩旁樹蔭夾道，綠色的牧場，一望無際，甚少人煙，深夜行車，來往車輛稀少，故我們車速達每小時一百二十公里，派頓先生年輕力壯，駕車技術高超，車行甚為平穩。途中曾見世界稀有動物袋鼠跳越公路，有被高速車輛撞死路旁者達五、六隻之多。是夜十一時半，曾在中途一小鎮歇宿一宵，次晨一早即趕路，至十月四日下午四時始抵達墨爾鉢，住在市中心一家維克多利亞旅館（The Victoria Hotel），距郵展會場不遠，步行僅約十餘分鐘，故尚稱便利。

我國郵展在墨爾鉢展出場地，係承墨爾鉢中國集郵協會負責人莊家傑教授代為免費洽得者，他為馬來西亞華僑，在墨爾鉢居住已二十餘年，此次郵展，多承其協助。莊教授所覓得之場地，係在市中心鬧區，兩幢新建大樓中間之商場空地，上有透明屋頂，可展出二十四小時，有閉路電視及安全人員日夜守衛，安全無虞。該兩幢大樓各高五十層，爲目前墨爾鉢最高建築物，其一爲大旅館，另一爲澳大利亞紐西蘭銀行總行。據莊教授告知，原擬租市政廳展覽室，惟日需租金澳幣六百元而作罷。我國郵展在墨爾鉢展出期間（十月五日至十一日）參觀者堪稱踴躍。我駐墨爾鉢遠東貿易公司陳主任厚佶及澳洲中華文化中心雷主任鎮宇等均來會場參觀並協助。十月十日，欣逢我國國慶，墨爾鉢中華公會於是日晚七時在美輪酒家舉行雙十國慶餐會，筆者承該會主席劉錦照先生專函邀請參加，出席餐會僑胞筵開七桌，其中有台灣電視公司記者周嘉川女士，盛裝隨其夫婿參加，筆者乘機分送郵展資料，並邀請參觀郵展。該晚有日本觀光客二桌，亦紛紛索取我郵展資料。十月十一日晚六時半，筆者應邀參加澳洲自由中國協會（The Australia Free China Association）爲慶祝我國國慶之酒會，出席中澳貴賓二百五十餘人，由該協會澳籍主席主持，酒會中曾演奏中、澳兩國國歌，並爲我　蔣總統及英女王舉杯祝賀。我駐澳遠東貿易公司陳主任在會中以中英語致詞，答謝澳國友人支持我國，筆者自不放過機會，乘機分送郵展資料。

最後，值得一提者，即澳國國立維克多利亞藝術館（National Gallery of Victoria）市場顧問（Marketing Consultant）赫利爾先生（Mr.・Michael Hurrell）於參觀本局郵票展品後，認爲所展出古畫古物等藝術郵票及原圖卡等，至具水準，曾向筆者表示希望能在該館展出，同時希望能在該館販賣部代售本局藝術郵票及原圖卡等。查該館規模宏大，珍藏各國寶物甚爲豐富，其中亦有我國古代銅器及陶瓷器等珍品，在澳洲極負盛名，我國郵票如能在該館展出及出售，實具重大意義。

原載今日郵政第299期